# GESCHICHTE DER STADT

W0284057

Im Bereich der Marburger Altstadt gibt es kaum Anzeichen einer Besiedlung, die über das 12. Jahrhundert hinaus zurückreicht. Allerdings muss das Gebiet der Elisabethkirche einmal in der vorchristlichen Eisenzeit und vorher schon einmal in der Mittelsteinzeit, vier bis fünf Jahrtausende vor Christi Geburt, besiedelt gewesen sein. Auch auf dem Dammeisberg, dem Hügel oberhalb des Rotenberges, wurden vorgeschichtliche Funde gemacht. Im südlichen Teil der Lahnberge finden sich noch einige Hügelgräber, vor allem in der Gegend des alten Steinbruchs „Stempel“, die wohl aus der Mitte des ersten Jahrtausends stammen dürften.

Marburg verdankt seine Entstehung den politischen Interessen der Territorialherren, die die geographische Lage auszunutzen verstanden. Da die Täler meist versumpft und unwegsam waren, bewegte sich der Fernverkehr auf den Bergrücken. Westlich von Marburg zieht sich auf den Höhen die Nord-Süd-Straße des alten Reiches hin, es ist die Weinstraße (= Wagenstraße), die noch heute hier als Fahrweg verläuft, einstmals führte sie von Wetzlar nach Westfalen.

Im Marburger Stadtwald vereinigte sich mit ihr für eine kurze Strecke die West-Ost-Straße. Bei der Ring mauer unweit Wehrshausen trennte sie sich wieder von der Weinstraße und lief über den Rotenberg in das Lahntal. Sie führte aus Richtung Gladenbach in das Amöneburger Becken. Östlich von Marburg kreuzte sie eine Straße, die auf den Höhen der Lahnberge zu erschließen ist, die meist sumpfigen Täler waren seinerzeit für Straßen ungeeignet. Auch hierbei scheint es sich um eine bedeutendere Verbindung gehandelt zu haben. Die West-Ost-Straße führte am Rotenberg in die Talaue hinab und verlief dann etwas oberhalb der Lahn – dieser Straßenteil wurde später als Untergasse in das Stadtgebiet mit einbezogen – bis zur Lahnfurt. Jenseits der Lahn gewann sie sofort wieder an Höhe, sie stieg zunächst im Zuge des Kaffweges, dann in der Zahlbach bergan, um die Lahnberge zu überwinden.

*Ansicht vom Nordturm der Elisabeth auf die Oberstadt mit Landgrafenschloss von Norden*

Dieser Anstieg in den Wald wurde vor 1200 Jahren durch die frühmittelalterliche Alte Schanze beherrscht. Ein großer gesteinter Wall mit vorgelegtem Spitzgraben zeigt die Lage der umfangreichen karolingischen Befestigung an, die wohl ein bewehrter Gutshof gewesen sein dürfte.

Als Ausgangspunkt einer Marburger Gründung kann das Schloss selbst angesehen werden, das jedoch in seinen ältesten erhaltenen Resten erst auf das 11. oder gar erst das frühe 12. Jahrhundert zurückgeht. Eine hölzerne Vorgängeranlage aus dem 10. Jahrhundert ist allerdings nicht auszuschließen, doch fehlt ein sicherer Nachweis. In Zusammenhang mit den frühen Gründungen ist der Weißenstein bei Wehrda zu sehen, der inzwischen archäologisch untersucht werden konnte.

Wer der Bauherr dieser frühen Burg war, falls sie sich in das 11. oder beginnende 12. Jahrhundert datieren lässt, ist nicht sicher, erst recht gilt dies für eine eventuell zu erschließende Vorgängeranlage aus Holz. Historiker denken an die Grafen Giso, die auf der Burg Hollende nahe Wetter saßen, doch ist ihr Zusammenhang mit Marburg nicht zweifelsfrei geklärt. Viel wahrscheinlicher ist hingegen, dass die steinerne Burg insgesamt erst in Zusammenhang mit den Landgrafen von Thüringen nach 1122 entstand, die Befunde und die Bauabfolge sprechen hierfür.

1122 beerbten die Landgrafen von Thüringen, die wegen des bei ihnen besonders häufigen Namens Ludwig auch Ludowinger genannt werden, den in diesem Jahr verstorbenen Graf Giso IV., der seinerseits erst im Vorjahr die gleichfalls unter Mainzer Hoheit stehenden Grafen Werner von Hessen beerbt hatte. Ob Marburg zuvor Wernerscher Besitz oder bereits seit längerem Besitz der Gisonen war, ist bislang nicht gesichert. Damit wurden die Ludowinger führende Grafen von Hessen.

Vermutlich waren es die Landgrafen, die wahrscheinlich zwischen 1122 und 1138 eine erste Siedlung anlegten bzw. ausbauten, die sich nahe am Berghang um die Kilianskirche befand und durch einen Graben gesichert war, der den heutigen Marktplatz der Länge nach durchschnitt. Kurz nach der ersten urkundlichen Nennung Marburgs im Jahre 1138/39 lässt sich eine Münze, der Marburger Pfennig, nachweisen (um 1140). Eine solche Münze, bei Grabungen zufällig gefunden, beweist, dass um 1140 der Ort Marburg Markt- und Münzrecht besessen haben muss. Der durch Wall und Graben gesicherte Marktflecken war wahrscheinlich durch einen Fahrweg mit der Burg verbunden. Dieser Fahrweg war die „Lebensader" der Stadt. Er bildete eine Parallele zu den beiderseits verlaufenden Nord-Süd-Straßen und stand senkrecht zur Ost-West-Straße. Spätestens für die Jahre gegen 1200 wird der Bau einer festen, eventuell steinernen Brücke dicht oberhalb der Lahnfurt angenommen. In diese Zeit dürfte auch die Gründung der Brückenvorstadt Weidenhausen fallen, die über viele Jahrhunderte die östliche Zufahrt zur Brücke deckte.

Auf das Jahr 1181 konnte man einen Balken datieren, der zur Befestigung des Mühlgrabens bei der Elisabethkirche diente. In der Nähe befand sich vielleicht schon erheblich früher eine Mühle, die spätere Elisabethmühle. Für das Jahr 1194 ist das Münzrecht Marburgs archivalisch belegt. Ebenfalls in die Zeit um 1180 fällt der Neubau der Kilianskirche, deren unbekannter Vorgänger aus der ersten Jahrhunderthälfte Marburgs erste Kirche gewesen sein muss.

Es ist anzunehmen, dass es sich bei der Marburger Burg um eine Grenzburg gehandelt hat, daher scheint auch der Name zu kommen: Marpurch – Marpurg – Marburg; erst viel später Marcpurg, es stießen hier die Gerichte Ebsdorf (ehemals mainzisch), Reizberg (Besitz der Herren von Merenberg) und Caldern aneinander. Im 13. Jahrhundert ging dieser Name auch auf Marbach über (1272 Marpah).

Eng mit Schloss und Marktflecken gehören sicherlich der Fronhof mit der Herrenmühle und die Lahnfurt als eine wirtschaftliche Einheit zusam-

*St. Marien, romanischer Taufstein aus der Vorgängerkirche*

*Blick vom Schloss (hier mit dem Hexenturm von 1478) zur Elisabethkirche*

men. An der Ecke Universitätsstraße/Am Grün richteten die Ludowinger einen Fronhof ein, der mit der Herrenmühle (heute Dresdner Bank) der Versorgung der Burg diente. Fronhof und Mühle rahmten gleichzeitig die Lahnfurt ein. Später wurde in der Stadt selbst ein Renthof errichtet; er lag in der Hofstatt, wurde aber in der 2. Hälfte des 13. Jahrhunderts in die Neustadt verlegt.

Um 1180/90 kam es zu einer ersten Erweiterung des Marktfleckens, in Verbindung damit vielleicht sogar zur Stadterhebung. Man erweiterte den dicht an den Hang gelegten Flecken nach Westen und gewann Platz für den geräumigen Marktplatz, für den man das alte Wallgraben-System einebnen musste sowie eine weitere Pfarrkirche, westlich der man eine Stadtmauer errichtete. Schob man im Westen das Stadtareal bis zum Lutherischen Kirchhof und zur Krebsgasse vor, so konnte man hangabwärts, im Süden, die heutige Untergasse einbeziehen.

Die wohl um 1200 erbaute Kirche ist die Vorgängerin der heutigen (gotischen) Pfarrkirche St. Marien. Im Jahre 1222 hielt Landgraf Ludwig IV., Gemahl der hl. Elisabeth, in dieser „größeren" Kirche eine Gerichtssitzung ab. Die Chronik berichtet, dass ihm während der Gerichtssitzung von der Geburt seines Sohnes berichtet wurde, dabei werden Marburg als Stadt (civitas) und die Marburger als Bürger (burgenses) bezeichnet. 1222 muss Marburg also bereits Stadt gewesen sein.

Zwischen 1222 und 1227 wird das erste Stadtsiegel geschaffen, es ist die Nachbildung eines Stempels, den Landgraf Ludwig IV. (gest. 1227) verwendet hat, und 1227 wird Marburg nach der Trennung von dem Pfarrort Oberweimar selbständige Pfarrei. Eine Stadtmauer besteht wahrscheinlich schon seit etwa 1190, durch Ausgrabungen wurden die Westteile dieser Mauer gefunden. Das Tor in der Barfüßerstraße wurde vor Nr. 28 entdeckt. Offenbar besaß Marburg schon um 1190 Stadtrechte.

Schon kurze Zeit nach der ersten Erweiterung wurde die Stadt ein zweites Mal erweitert, nämlich 1234/35. 1228 war die Landgräfin Elisabeth als Witwe nach Marburg gezogen. Zusammen mit mehreren Hospitalitern pflegte sie in einem von ihr selbst gegründeten, bescheidenen Hospital im Norden der Stadt Kranke und Arme. Möglicherweise richtete sie sich in einem wüsten Wirtschaftshof

*Ehem. Firmanei-kapelle, um 1280*

ein, zu dem auch eine Mühle gehört haben muss; der Hof lag wohl auf einer Halbinsel, von Sumpf umgeben, nahe der heutigen Elisabethkirche. Vier Jahre nach Elisabeths Tod im November 1231 bezogen die Franziskaner ein eigenes Kloster an der Südwestecke der damals gerade erweiterten Stadt, nachdem die franziskanischen Helfer am Franziskus-Hospital dem Deutschen Orden hatten weichen müssen.

*Stadtentwicklung von Marburg*

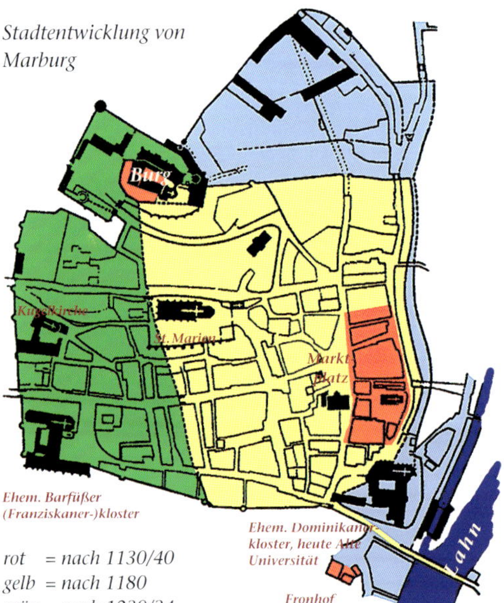


*rot = nach 1130/40*
*gelb = nach 1180*
*grün = nach 1230/34*
*blau = nach 1260*

In zeitlichem Zusammenklang mit diesem Klosterbau wurde die gesamte westliche Vorstadt errichtet und mit einer Mauer umgeben. Diese Stadtmauer ist auf der Westseite nahezu vollständig erhalten; besonders eindrucksvoll sind das spätromanische Kalbstor, in der Nähe der erst Ende des 15. Jahrhunderts erbauten Kugelkirche, und oberhalb des Tores der (viel später so genannte) Bettinaturm. Durch die Fortführung der Stadtmauer bergaufwärts zum Schloss wurde die Stadt mit der landgräflichen Burg verbunden. Hierdurch erreichte man eine Verbesserung der Verteidigungskraft.

In das Jahr 1235 fallen noch zwei weitere für Marburg wesentliche Ereignisse: Am 1. Juni erfolgte die Heiligsprechung Elisabeths auf Betreiben des Landgrafen Konrad und des Deutschen Ordens; kurz vorher begann man mit dem Bau der neuen großen Wallfahrtskirche. 1255 wurde die Marburger Niederlassung des Deutschen Ordens zum Sitz der Ballei Hessen erhoben.

Als im Jahre 1247 das Thüringer Landgrafenhaus im Mannesstamm erlosch, traten die Wettiner als Erben auf den Plan, stießen aber auf den Wider-

stand von Elisabeths Tochter, Herzogin Sophie von Brabant. Für ihren damals dreijährigen Sohn Heinrich („das Kind von Brabant") forderte sie als Wenigstes das hessische Erbteil der Landgrafschaft, das vormals von Landgraf Konrad und nach dessen Ordensübertritt von Sophies 1238 verstorbenem Bruder Hermann verwaltet worden war. In einem 15-jährigen Erbfolgestreit, teilweise kriegerisch geführt, konnte Sophie ihre Ansprüche durchsetzen; sie wählte Marburg zum Regierungssitz, und bis 1604 blieb die Stadt Haupt- oder zumindest Nebenresidenz. Die Elisabethkirche wurde in dieser Zeit zur Grabkirche der hessischen Landgrafen.
Wohl in der Zeit um oder nach 1260 erfuhr die Stadt die für längere Zeit letzte Erweiterung: Im Norden wurde der Altstadt die Neustadt vorgelagert. Gleichzeitig damit wurde der Renthof vor das ältere Tor im Zuge der Mainzer Gasse verlegt. Den Abschluss dieses Straßenzuges bildete das Renthöfer Tor. Von der Neustadt des 13. Jahrhunderts ist fast überhaupt nichts erhalten; das Stadttor auf der Wasserscheide, das Wehrder Tor, ist abgerissen. Durch einen gepflasterten Weg, den Steinweg, wurde die Niederlassung des Deutschen Ordens mit der Neu- und der Altstadt verbunden.
Gegen Ende des Jahrhunderts begann man, die romanische Pfarrkirche durch einen gotischen Neubau zu ersetzen, 1297 wurde der Chor geweiht; gleichzeitig baute man auch den Kerner, der nach seiner Erbauung zunächst als Beinhaus (carnarium) diente, also zum Aufbewahren der Gebeine, die man bei Anlage neuer Gräber auf dem engen Friedhof fand. Bald nach 1317 hatte er die Aufgaben eines Rathauses zu übernehmen. Zwei bestimmende Ereignisse waren die Stadtbrände 1260 und 1319, die auch archäologisch nachgewiesen werden konnten. Die erste Stadtrechtsurkunde stammt aus dem Jahre 1311. Sie galt sowohl für die Altstadt als auch für die Neustadt und die Vororte Weidenhausen und Bulkensten (Pilgrimstein). In der erneuerten Stadtrechtsurkunde von 1329 werden zusätzlich die Leute an dem Grinde (Am Grün) genannt. Die Vororte gehören also rechtlich zur Stadt.
Ganz nahe bei Marburg lagen zunächst noch einige Dörfer, so gab es zum Beispiel einen Ort Zahlbach, ferner die Dörfer Ibernshausen (beim Glaskopf), Walpershausen (bei der Dreyersquelle im Stadtwald) und Willemannsdorf (über dem Gefälle/Andrestraße). Nach 1300 siedelte man die Bewohner dieser Dörfer in die Stadt um, die Dörfer wurden daraufhin wüst.

*Hl. Elisabeth, 3. Drittel 15. Jh., Gehäuse wohl von L. Juppe um 1515, Elisabethkirche*

Aus dem Kreise der Burgmannen, die ihre Wohnsitze an der Ritterstraße oberhalb der Pfarrkirche und des Pfarrhofes hatten und sich somit in Schlossnähe befanden, wurde schon im frühen 13. Jh. der Schultheiß bestimmt. Marburgs erster bürgerlicher Schultheiß Rudolf Raustein amtierte 1248. Es standen ihm 12 Schöffen zur Seite. Die amtierenden Schöffen bestimmten, wer in ihr Gremium aufgenommen wurde. Gerichts- wie Bürgerversammlungen fanden wahrscheinlich auf dem Marktplatz am Marktbrunnen statt. Als erster Bürgermeister ist Ludwig von Fronhausen (1284) anzusehen.

Die von Natur aus gute Verkehrslage Marburgs hatte große Auswirkungen auf die Wirtschaft der Stadt. Neben der Wirtschaftsquelle Verkehr kamen im folgenden noch drei weitere wichtige Wirtschaftszweige auf: die Töpferei (Aulgasse, Ketzerbach), die Wollindustrie und die Lohgerberei (Am Grün, Weidenhausen).

Weidenhausen ist Marburgs ältester und wichtigster Vorort. Er liegt direkt an der Lahnfurt bzw. an der Lahnbrücke, die schon bald nach der Gründung der Stadt gebaut worden war. Noch bis zur Mitte unseres Jahrhunderts wurde diese Lage für den Hauptwirtschaftszweig Weidenhausens ausgenutzt: die Lohgerberei. Auch im zweiten Vorort „Am Grün“ (Grinde), der 1329 in der Stadtrechtsurkunde genannt wurde, war die Lohgerberei heimisch. Der alte Name Grient, Grind oder Grien wies wohl auf den Boden hin; „grien“ bedeutet raues, kieseliges Erdreich.

Die Entstehung der Ketzerbach dürfte wohl auf den Deutschen Orden zurückzuführen sein, vermutlich im 13. Jahrhundert. Der seit Mitte des 19. Jahrhunderts überwölbte Bach in der Mitte des Platzes, „die“ Marbach, bezeugt durch den Namen die frühere Funktion als Grenzbach zwischen drei Gerichten.

Im 13. Jahrhundert entstanden in Marburg zwei Klöster: das sehr früh gegründete Franziskanerkloster (Barfüßer- oder Minoritenkloster), das ab 1234/35 an der Süd-West-Ecke der Stadt entstand, und das Dominikanerkloster, 1291 an der Süd-Ost-Ecke der Altstadt angelegt. Fast zwei Jahrhunderte später kam ein drittes Kloster hinzu: In der Nähe des Kalbstores wird das Kloster der Brüder vom gemeinsamen Leben gegründet (Kugelhaus, 1476).

Als Hessen aus Erbschaftsgründen 1308 geteilt wurde, blieb Marburg zunächst Sitz der oberhessischen Linie der Landgrafen. Später, als die einzig weiterbestehende Linie in Kassel regierte, wurde Marburg Verwaltungsmittelpunkt des sog. Landes an der Lahn, des „Oberfürstentums“, und Sitz der Gerichte über Stadt und Amt sowie Sitz des Obergerichtes über die oberhessischen Ämter, das unter dem Vorsitz des Landvogts tagte.

*links: Kornhaus des Deutschen Ordens von 1515 und Elisabethkirche im Hintergrund*

*rechts: Blick zur Elisabethkirche, 1235–83*

Wie ganz Mitteleuropa wurde auch Marburg im Jahre 1348 von der verheerenden Pestepedemie heimgesucht, die sich von Italien aus über die Handelswege im Norden rasch verbreitete. Als Ursache „ermittelten" die verzweifelten Menschen die Juden, auch in Marburg kam es zu Pogromen und Vertreibungen. Die miserablen hygienischen Verhältnisse – die im 12. Jh. noch locker bebauten Städte waren inzwischen dicht bebaut und die Abwässer flossen bestenfalls in offenen Kanälen über die Straße, Abwasserschächte und Trinkwasserbrunnen lagen oft unmittelbar nebeneinander – erkannte man damals nicht als die Ursache. Ein wichtiger Tiefbrunnen befand sich unmittelbar neben der Synagoge (Markt 24).

Langsam erholte sich die Stadt von diesen katastrophalen Ereignissen. Einen wichtigen Auftrieb gab ein Jahrhundert später der Aufstieg Marburgs zur landgräflichen Residenz, als nach dem Tod Ludwigs I. 1458 das Land unter seinen Söhnen aufgeteilt wurde. Heinrich III. (1458–1483) regierte fortan Oberhessen, bis 1500 folgte ihm Wilhelm III.

Insbesondere Landgraf Philipp der Großmütige brachte Marburg eine neue Blütezeit, obwohl er in Kassel residierte. Als er fünf Jahre alt war, starb 1509 sein Vater Wilhelm II. Mit knapp 14 Jahren wurde er 1518 für volljährig erklärt und konnte nun ohne Vormund regieren. 1526 führte er mit Hilfe des Reformators Adam Kraft die Reformation ein, 1527 gründete er die erste protestantische Universität. Die Klöster wurden säkularisiert und ihr Besitz fiel an die Universität, zu der er heute noch gehört. Lediglich der reichsunmittelbare Deutsche Orden leistete mit Erfolg Widerstand, jedoch endeten die „Wallfahrten" zum Grab der hl. Elisabeth. Philipp ließ Elisabeths Gebeine an unbekannter Stelle vergraben, einerseits, weil er als Anhänger Luthers jede Heiligenverehrung ablehnte und andererseits, weil er das Ansehen seiner Ahnin Elisabeth nicht beeinträchtigen wollte.

Im Herbst des Jahres 1529 fand im Schloss das Marburger Religionsgespräch statt, mit dem Philipp der Großmütige die beiden zerstrittenen protestantischen Richtungen, die Lutheraner und die Reformierten, zu versöhnen suchte.

Die Stadt befand sich in ihrer letzten großen Blütezeit. 1512–1524 wurde das spätgotische Rathaus gebaut, nachdem die Ratsherren mehrere Jahrzehnte im Dachgeschoss der alten Stadtschule getagt hatten, da der Kerner 1456 ausgebrannt war.

Mit der wirtschaftlichen Stärke ging auch ein kultureller Aufschwung Hand in Hand, es kamen u. a. zwei bedeutende Künstler nach Marburg: der Maler Johann von der Leyten und der Bildhauer Ludwig Juppe. Von Juppe stammen u. a. mehrere Altäre, ein Grabmal und eine Statue in der Elisabethkirche sowie Reliefs am Rathaus und am Schloss. Seine Werke wurden meist von Johann v. d. Leyten farbig gefasst.

Mehr als 50 spätmittelalterliche Bürgerhäuser sind noch im Bestand belegt. Das jüngste gotische Haus Marburgs ist das Steinhaus zum Schwan des Kaufmanns Hermann zum Schwan. Wegen seines auffallenden Aussehens wird dieses Haus im Volksmund oft (fälschlich) Hochzeitshaus genannt, tatsächlich war das Rathaus als Ort für Feiern genutzt worden. Schon Ende des 15. Jahrhunderts wurde das Schloss zum zweiten Mal wesentlich ausgebaut, zusätzlich entstand der Wilhelmsbau.

Philipp der Großmütige teilte vor seinem Tode 1567 das Land unter seinen vier Söhnen auf, wenn auch die Marburger Universität Gesamtuniversität für alle hessischen Landesteile blieb. So dauerte auch unter Philipps Nachfolger Ludwig IV. von Hessen die günstige Stadtentwicklung noch an.

1572 wurde von dem bekannten Renaissance-Baumeister Ebert Baldewein der Erkervorbau der Rentkammer an der Südseite der Schlosskapelle angefügt. 1573–76 führte derselbe Baumeister die ehem. Kanzlei auf, 1574/75 den Küchenbau und 1581/82 den Giebelaufsatz am Rathaus, 1582/83 das Räderhaus der Herrenmühle.

Mit dem Tod des Landgrafen Ludwig 1604, endete die Blütezeit der Stadt, Marburg fiel an die Kasseler Linie. Landgraf Moritz war bestrebt, die reformierten Verbesserungspunkte einzuführen. Dem widersetzte sich die Bevölkerung, sie blieb beim lutherischen Bekenntnis. Auch der Deutsche Orden leistete dem Bildersturm des Landgrafen Widerstand, so blieben die Kunstwerke im Chor der Elisabethkirche unzerstört. Die lutherischen Professoren und Pfarrer gingen jedoch ihres Amtes verlustig. Aus Marburg vertrieben, wurden sie von der 1607 in Gießen gegründeten Universität aufgenommen; Gießen gehörte zu dem lutherisch gebliebenen Hessen-Darmstadt.

Noch stärkere Einbußen erlitt die Stadt durch den Dreißigjährigen Krieg (1618–1648). 1625 besetzten Darmstädter Truppen Marburg, die Pfarrkirche wurde wieder lutherisch, die Gießener Universität nach Marburg überführt, während die reformierten Pro-

*Philippstein in der Klosterkirche in Haina (nördlich von Marburg) von Philipp Soldan aus Frankenberg, Gedenkstein zur Umwandlung von Klöstern in Hospitäler durch Landgraf Philipp den Großmütigen, links im Bild, rechts seine Vorfahrin die hl. Elisabeth von Thüringen*

fessoren nach Kassel flüchteten. Besonders schwer waren die letzten Jahre des großen Krieges, in denen die Besatzung von Stadt und Schloss mehrfach wechselte. Im Hessenkrieg (1645–1648) stritten die Kasseler und die Darmstädter Linie miteinander um das Marburger Erbe. Mit einer letzten großen Anstrengung gelang es Hessen-Kassel, Marburg zurückzugewinnen. Der Vergleich von 1650/52 teilte den Besitz der Universität unter Marburg und Gießen. So gab es jetzt in Marburg eine reformierte Universität inmitten einer sonst lutherischen Bevölkerung und in Gießen eine lutherische Universität. In der Nachkriegszeit wurden die Festungsanlagen des Schlosses wie in vielen anderen Städten Europas erheblich verstärkt.

Der starken wirtschaftlichen Einbuße zufolge finden wir in Marburg fast keine barocken Bauwerke. Zu den wenigen Bauten dieses Stils zählt die Universitäts-Reitschule, die anstelle der Kirche des Franziskanerklosters 1732 wohl von Charles du Ry erbaut worden ist; sie dient heute als Institut für Leibesübungen. Auch die übrigen Gebäude des Klosters wurden umgebaut, einzelne alte Mauerreste sind noch erhalten. Der Grundriss des barocken Gebäudekomplexes stimmt weitgehend noch mit dem des Klosters überein. Ein schlichter Barockbau ist auch das ehem. Gasthaus mit Posthalterei zum Weißen Ross von 1744, das seit 1992 als Stadtbauamt dient (Barfüßerstr. 11).

Im Siebenjährigen Krieg (1756–63) wechselten in Marburg wieder häufig die Besatzungen. Das letzte größere Gefecht des Krieges fand an der Brückermühle bei Amöneburg statt (1762). Deutsche und französische Regimenter kämpften um den Ohmübergang. Da der Siebenjährige Krieg gezeigt hatte, dass die Befestigungen des 17. Jahrhunderts im „modernen" Krieg keine Sicherheit gewährten, wurden sie 1770 und 1786 geschleift.

In den folgenden Jahrzehnte kamen einige bedeutende Wissenschaftler und Romantiker nach Marburg, u. a. die Brüder Grimm, Savigny, Achim v. Arnim und Bettina Brentano, nach der der Bettinaturm benannt ist. Wirtschaftlich blieb die Stadt ein Ort mit bescheidenen Mitteln, durch das Fehlen einer Residenz oder einer nachhaltigen Wirtschaftskraft bestimmt.

1806 dankte der letzte römische Kaiser, Franz II., ab und das seit Karl dem Großen bzw. Otto dem Großen bestehende Reich löste sich auf. Bereits 1803 waren die Klöster aufgehoben worden, 1809 wurde schließlich auch der Deutsche Orden aufgehoben, das Hospital fand als Universitätsklinik Verwendung und die Elisabethkirche ging in Staatseigentum über. Napoleon besetzte ganz Mittel- und Osteuropa. Das eigens geschaffene Königreich Westphalen mit der Hauptstadt Kassel hatte Napoleon seinem Bruder Jerôme Bonaparte („König Lustig") übertragen. Der Ausbau des Pilgrimsteins ist in diese Epoche zu datieren, als die Stadt nicht mehr interessiert war, aus wirtschaftlichen Gründen jeglichen Fernverkehr über den Marktplatz zu lenken. Der überregionale Chausseebau gewann im frühen 19. Jh. an Bedeutung, nicht zuletzt aus militärischen Gründen. Mit dem Ende der kurzen napoleonischen Zeit wurde 1815 das Schloss Gefängnis. Noch immer war die Stadt nicht über die Stadtgrenze von vor 1300 hinausgewachsen. Erst Mitte des 19. Jahrhunderts begann man, die Stadt über die Stadtmauer hinaus auszudehnen und mit dem Abriss fast aller Stadttore das Stadtbild zu verändern. Ein großer Schritt zur Ausdehnung Marburgs geschah 1850, als man die Main-Weser-Bahn jenseits der Lahn anlegte und den (Haupt-)Bahnhof im Norden der Stadt baute.

1865 wurden in der Untergasse fünf Häuser abgerissen; auf dem frei gewordenen Gelände errichtete man das Gymnasium Philippinum und schuf daneben eine Durchfahrt durch die Stadtmauer (Gutenbergstraße). 1866 fiel Hessen an das Königreich Preußen. In diesem Jahr zählte man 264 Studenten, erst in den folgenden Jahren erhöhte sich diese Zahl beträchtlich.

Im Süden befanden sich vor den Toren Marburgs außer dem Dorf Ockershausen drei Höfe: der Englische Hof, ein Gasthaus, 1828 von einem reich gewordenen Schneidergesellen erbaut und um 1950 abgerissen; der Schützenpfuhl, das sog. Wirtshaus an der Lahn, 1970 bedauerlicherweise abgerissen; und der Schwanhof: Er wurde 1530 durch Hermann zum Schwan, den Erbauer des sog. Hochzeitshauses, errichtet, beherbergte später die Tabakfabrik Niderehe und steht noch heute.

Erst 1870 begann der Ausbau des Südviertels in den sog. Gründerjahren. Das gesamte Südviertel wurde planmäßig mit großzügigen Straßen erschlossen. Nach und nach erwuchs hier ein stattliches Villenviertel mit baumbestandenen Alleen und plattenbelegten Fußgängerwegen, namentlich die Schwanallee und die Frankfurter Straße. 1913 wurde auf dem Kämpfrasen die neue Jägerkaserne errichtet.

Als Verbindung von Hauptbahnhof und der klassizistischen Elisabethstraße bzw. der Altstadt entstand die Bahnhofstraße als locker bebaute Geschäftsstraße. Hier lief die Bautätigkeit der Gründerjahre zunächst sehr zögernd an. 1880 gab es in der Bahnhofstraße erst 18 Häuser, 1884 in der Neuen Kasseler Straße sieben Wohnhäuser. Größere Wirtschaftsbetriebe siedelten sich nicht an, da das Gelände durch den Bau der Neuen Kasseler Straße für Firmen uninteressant wurde: Die Straße verhinderte jeglichen direkten Gleisanschluss an den Bahnkörper. Bahnhofs- und Südviertel wurden 1903 durch eine Pferdebahn Hauptbahnhof–Wilhelmsplatz miteinander verbunden, im Hof einer ehemaligen Spedition am Wilhelmsplatz ist ein Gleisanschluss noch erhalten.

Der Universitätsbaumeister Carl Schäfer errichtete in den Jahren 1872–1879 und 1887–1891 auf den Fundamenten des Dominikanerklosters im gotisierenden Stil die Alte Universität. Im Norden wurde das Klinikviertel der Universität erweitert. Das Staatsarchiv war seit 1870 im Schloss untergebracht. Den Spiegelslust- oder Kaiser-Wilhelm-Turm, auf dem höchsten Punkt der 380 m hohen Lahnberge erbaut, verdanken wir der Romantik, einer Zeit, die ihr Interesse wieder der natürlichen Landschaft zuwandte. Freiherr von Spiegel „entdeckte" Anfang des vorigen Jahrhunderts den Blick auf Alt-Marburg. Nach ihm wurde der Turm auf den Anhöhen Spiegelslustturm genannt. Der erste Turm, bereits 1863 geplant, stürzte während des Baus 1876 ein. 1890 wurde dann ein zweiter Turm gebaut, der eigentlich Kaiser-Wilhelm-Turm heißt, vom Volksmund jedoch ebenfalls Spiegelslustturm genannt wird. Dieser Turm dient noch heute als Aussichtsturm auf Marburg und ist trotz inzwischen hoch gewachsener Bäume weithin sichtbar.

Um die Jahrhundertwende und in den Jahren vor dem Ersten Weltkrieg gab es einen großen Bauboom. Als völlig neues Stadtviertel wurde das Biegenviertel mit der Biegenstraße und der Deutschhausstraße angelegt. Die Hausfassaden der großzügigen Mietbauten erhielten Formen in Anlehnung an die Gotik und die Renaissance oder im Jugendstil. Der Bismarckturm in der Hansenhausgemeinde entstand 1903 nach einem im Deutschen Reich häufiger angewendeten Bauentwurf (Architekt Wilhelm Kreis), 1907–09 wurde ein neues Bahnhofsgebäude errichtet (Architekt Alois Holtmeyer) und 1912–15 das Physikalische Institut am Renthof (Architekt Schindowsky).

Während und direkt nach dem Ersten Weltkrieg stagnierte die Wohnungsbautätigkeit und erfuhr erst 1927 eine Wiederbelebung. Zum 400-jährigen Universitätsjubiläum 1927 entstand eine Vielzahl neuer Gebäude, so das Ernst-von-Hülsen-Haus, der sog. Jubiläumsbau, der das Universitätsmuseum und das Kunstgeschichtliche Seminar beherbergt. Im Schlosspark wurde die expressionistische Freilichtbühne errichtet. Die Universitätskirche erhielt eine Neuausstattung. Zu den

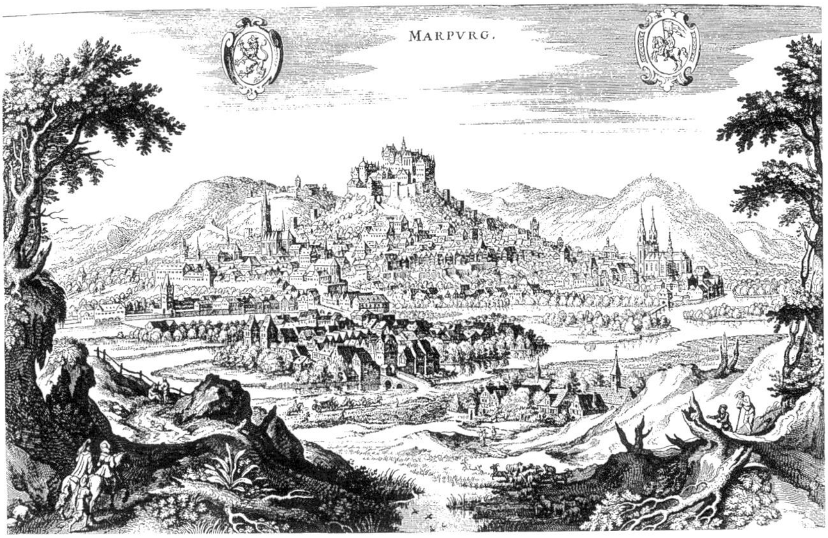


*Stadtansicht aus Martin Zeiller und Matthaeus Merian: Topographia Hassiae. Frankfurt a. M. 1646, Radierung*

Neubauten gehören auch das inzwischen abgebrochene Luisabad (nach Luisa von Haeuser), das Löwendenkmal für die gefallenen Studenten (an der Stadthalle) und das expressionistische Gebäude der Allgemeinen Ortskrankenkasse in der Liebigstraße. In den Jahren nach 1928 erbaute man das Sanatorium Sonnenblick, der Ortenberg wurde erschlossen und zwischen Blitzweg und Schiller-Straße weitgehend bebaut. Einen besonderen Anteil daran nahm die Siedlung für Flüchtlinge aus dem Elsass ein, die sich um das damalige „Hotel Stadt Straßburg" direkt oberhalb des Hauptbahnhofs gruppierte.

Durch Auflösung der Gutsbezirke in Preußen 1928 und Eingemeindung von Ockershausen 1930 vergrößerte sich die Gemarkung der seit 1. 4. 1929 kreisfreien Stadt um rund 1000 Hektar auf fast 2200 Hektar.

Der wichtigste Großbau während des Dritten Reiches ist der Neubau des Staatsarchivs am Friedrichsplatz von 1938. Während des Zweiten Weltkrieges blieb Marburg zunächst von Luftangriffen verschont. Erst am 22. 2. 1944 und wieder im Februar und März 1945 wurden vor allem Bahnhof und Klinikviertel bombardiert, wobei 25 % der Universitätsgebäude, aber nur 6 % des gesamten Gebäudebestandes der Stadt zerstört wurden. Daher konnte sich die Wohnraumbewirtschaftung besonders stark auswirken. Sie traf weite Kreise der Bevölkerung schwer, da sie auf Einnahmen durch das Vermieten von Wohnungen und Zimmern, besonders an Studenten, eingestellt und z. T. angewiesen waren.

Vor allem durch vertriebene und Flüchtlinge aus den Ostgebieten stieg die Einwohnerzahl stark an: von 27 920 im Jahre 1939 auf mehr als 40 000; inzwischen ist sie auf etwa 70 000 angewachsen.

Nach dem Kriege setzte die Bautätigkeit nur allmählich wieder ein. Aber trotz vermehrten Wohnungsbaues (1960 über 500 Wohnungen) hatte Marburg noch 1964 mit 25,2 % das größte Wohnungsdefizit der Bundesrepublik. 1963 war jedoch schon mit einem Großprojekt begonnen worden: mit dem Stadtteil Richtsberg in einem ehemaligen Waldgebiet, der einmal 9000 Menschen aufnehmen sollte. 1964 vollendete man die ersten Wohnbauten, 1968 wurde der 1. Bauabschnitt der Richtsbergschule fertig, 1971 das Einkaufszentrum.

Die Jahre zwischen 1950 und 1975 waren zugleich eine Ära der Schulbauten. Mehr als zehn Grund-, Haupt- und Realschulen, Gymnasien, Berufs- und Berufsfachschulen erhielten an verschiedenen Stellen der Stadt Neubauten.

Von den sonstigen öffentlichen Bauten dieser Zeit – ohne die Universitätsbauten, über die an anderer Stelle berichtet wird – können hier nur wenige wichtige Beispiele genannt werden: die kath. Kirchen „St. Peter und Paul" in der Biegenstraße (1959) und „Liebfrauen" am Glaskopf (1965), die evangelische Pauluskirche am Bismarckturm (1963) und die evangelische Matthäuskirche in Ockershausen, ein bedeutender moderner Kirchenbau (1963), die Justizgebäude in der Universitätsstraße (1961), die Stadtsparkasse in der Barfüßerstraße (1961) und die als 500. hessisches Bürgerhaus

1969 eingeweihte Stadthalle („Erwin-Piscator-Haus“).

Seit 1965 haben vor allem Straßen- und Brückenneubauten das Bild Marburgs entscheidend, und nicht immer zum Vorteil, verändert. Im Zuge des Ausbaus der B 3 (Krummbogen) zur Autobahn wurden 1969 die Adenauer-Brücke im Süden und die Schumacher-Brücke in Marburg-Mitte eingeweiht, die sich über Lahn, B 3 und Bundesbahn spannen. Diese Aufbaujahre sind mit dem Namen Georg Gaßmann verbunden, 1951–1970 Oberbürgermeister, seit 1971 Ehrenbürger seiner Vaterstadt Marburg. Die „Ära Gaßmann“ war aber nicht nur eine Zeit beachtlicher Aufbauleistungen, sondern auch eine Zeit überaus schmerzlicher Verluste an wertvoller alter Bausubstanz: 1954 wurde das Haus Markt 10 abgebrochen (Neubau 1957), 1965 das bedeutende spätgotische Fachwerkhaus „Bopps Terrassen“, 1969 die benachbarte Traubenapotheke in der Reitgasse (Neubau 1973), die untere Sieche bei St. Jost vor Weidenhausen (Fußgängersteg) und das Weidenhäuser Zollhaus (Straßenbau), 1970 das Wirtshaus an der Lahn, der „Schützenpfuhl“ (Hochhaus mit Luxusappartements). Inzwischen sind noch einige weitere Gebäude abgerissen worden, so die Stadtsäle und das ehem. Gymnasium Philippinum (Kaufhausneubauten 1973/74). Hierbei hat man wichtige und älteste Teile der Stadtmauer, die sich im Schulhof befanden, zerstört. Ein Teil der Bauwerke stand unter Denkmalschutz und wäre bei gutem Willen zu erhalten gewesen.

*Hirschberg mit Blick zum Rathaus*

Die 1970 begonnene Altstadtsanierung ging sorgsamer mit der historischen Bausubstanz um, und es ist gelungen, den Individualverkehr in der Innenstadt weitgehend einzuschränken.

Von grundlegender Bedeutung ist die gründliche bauhistorische Untersuchung der Häuser vor bzw. am Beginn der Sanierungsmaßnahme. Hierzu arbeitet in Marburg das aus einer studentischen Initiative der 70er-Jahre hervorgegangene Freie Institut für Bauforschung, inzwischen eine Einrichtung mit internationalem Ruf.

Die veränderte Einstellung der Bevölkerung zu ihren Altbauten ist in Marburg auch dem 1970 gewählten Oberbürgermeister Dr. Hanno Drechsler (1931–2003) zu verdanken. Zu seinen Verdiensten zählen vor allem das Eintreten für die alte (historische) Bausubstanz und der Verzicht auf überdimensionierte Straßenplanungen.

Eine einschneidende politische Veränderung brachte die Gebietsreform am 1. Juli 1974. Achtzehn Randgemeinden, u. a. Marbach, Wehrda und Cappel, wurden nach Marburg eingegliedert. Gleichzeitig verlor Marburg seine Selbständigkeit als kreisfreie Stadt.

Die 450-Jahr-Feier der Universitätsgründung (1977) bot neue Anreize wie den Umbau des Schlosses zu einem kunst- und kulturgeschichtlichen Museum (1981 eröffnet, 1992 erweitert).

Die Universität bildet eine gute Grundlage für ein reichhaltiges kulturelles Angebot, das den Konzertbereich von der Klassik zur Moderne, das Theater und die „alternative“ Kulturszene, nicht zuletzt das Kino umgreift, ergänzt durch Folklore-Veranstaltungen, sommerliche Festivals und Freiluft-Veranstaltungen. Jährlich wiederkehrende Ereignisse sind das Einsingen des 1. Mai, der Marktfrühschoppen Anfang Juli und das Sommerfest der Universität.

Baulich wird die Universität in den nächsten Jahren erneut wesentlich in das Stadtbild eingreifen. Die in den 1960er Jahren errichteten Gebäude sind teilweise marode, vielfach zu klein. Eine umfangreiche Neubauplanung steht derzeit (2010) unmittelbar bevor, auch wenn das Problem des fehlenden Bauplatzes heute kaum einfacher zu lösen ist als vor 40 Jahren. Besonders die Gebäude der Geisteswissenschaft und die Universitätsbibliothek stehen derzeit zur Disposition.

# SCHLOSS

Auf das 11. oder beginnende 12. Jahrhundert gehen Bauteile zurück, die bei Untersuchungen ab 1989 unter dem Westflügel des Schlosses gefunden wurden, wie sich anhand des Mauerwerks erkennen lässt. Bemerkenswerte hohe Ringmauerteile und Reste eines Wohnturmes wurden ergraben. Vielleicht noch in das spätere 10. Jahrhundert zu datierende Keramik spricht für einen Vorgängerbau, der wahrscheinlich aus Fachwerk war. Doch wer der Erbauer dieser Burg war, ist im einen wie im anderen Fall unklar. Diese Anlage darf als Keimzelle des späteren Residenzschlosses gelten.

1138/39 wurde das Schloss zum ersten Mal genannt. In einer Urkunde bekundet Erzbischof Arnold I. von Köln die Übertragung eines Gutes an das Kloster Siegburg. U. a. war dabei als Zeuge Ludewicus de Marburg zugegen. Dieser Ludwig war ein Dienstmann des Landgrafen auf der Burg Marburg.

Nachdem Sophie von Brabant ihren Sohn Heinrich, den Enkel der hl. Elisabeth, zum Nachfolger der im Mannesstamm ausgestorbenen Thüringer in Hessen ausgerufen hatte (1247/48), stieg die Bedeutung Marburgs. In der Folge waren Stadt und

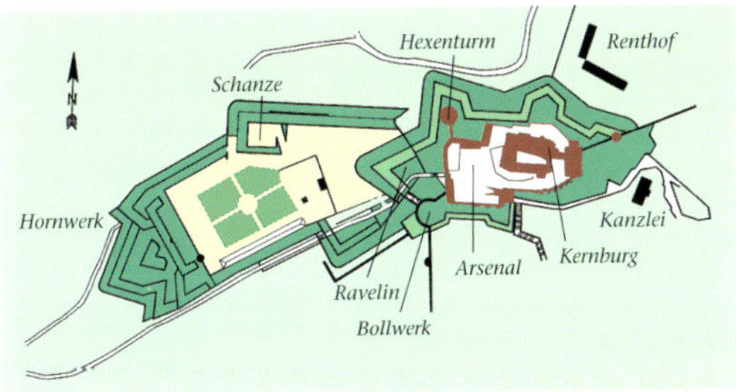


*oben: Schloss, Grundriss der Gesamtanlage*
*unten: Schloss, Ansicht von Süden*

Burg dreimal Residenz der Landgrafen von Hessen. Dies ist auch deshalb bemerkenswert, weil im 13. Jahrhundert feste Residenzen noch zu den Ausnahmen zählten, die meisten Fürsten wechselten zwischen mehreren gleichrangigen Adelssitzen. 1263 endeten die Auseinandersetzungen um die Erbfolge, und 1292 wurde Heinrich endlich in den Reichsfürstenstand erhoben, seine Herrschaft also auch vom König anerkannt. Bis 1308 blieb Marburg Hauptresidenz, danach noch Teilresidenz

unter Landgraf Otto. Das zweite Mal war es Residenz unter Heinrich III. und seinem Sohn Wilhelm III. von 1458–1500 und das dritte Mal unter Ludwig IV. von Hessen-Marburg von 1567–1604.
Der repräsentative Ausbau zur gotischen Residenzburg erfolgte in den Jahren um 1290 unter Landgraf Heinrich I. Doch der Westflügel umschließt nicht nur das erwähnte besonders frühe Mauerwerk, in seinen beiden Untergeschossen geht er auch selbst auf hochmittelalterliche Zeit zurück, zumindest muss er deutlich vor dem Saalbau entstanden sein. Ein nächster besonders markanter Umbau fand unter Landgraf Wilhelm III. statt, der im Osten der Anlage den Wilhelmsbau vorlagerte, ferner wurden der Westflügel und der Südflügel erneuert, der Südflügel unter Veränderung der Geschosshöhen, was im Hof auch der Laie anhand der unterschiedlichen, teils vermauerten Fenster erkennen kann.

In der letzten markanten Bauperiode wurden die Rentkammer vor dem Kapellenbau, die Wirtschaftsgebäude des Nordzwingers (abgerissen) und die des äußeren Schlosshofes (Marstall, Schmiede) hinzugefügt. Der Erbauungszeit entsprechend zeigen diese Gebäude Renaissance-Stil.

## Rundgang

Der Burg- und Schlossbereich nimmt den gesamten Bergsporn zwischen Lahntal und Ketzerbach ein. Da dieser Bereich für eine mittelalterliche Burg viel zu groß war, wurde der östliche Teil für die Burg wohl im 13. Jahrhundert durch einen tiefen Halsgraben vom Bergrücken abgetrennt.
Seit dem Aufkommen der Kanonen wurden Befestigungsanlagen für Feuerwaffen entwickelt und modernisiert. Entsprechende Bauten des späten 15. und 16. Jahrhunderts sind in Marburg abgesehen von Bauten wie dem Hexenturm nur durch Zeichnungen überliefert, reichten aber im Dreißigjährigen Krieg nicht mehr aus. Während des Krieges sowie in den folgenden Jahrzehnten entstand daher eine umfassende Befestigung, die sich über den gesamten heutigen Schlosspark erstreckte, also das weitläufige Gelände vor dem Halsgraben. 1806 sprengten französische Truppen die Befestigung, die nach Wiederentdeckung einer ersten Kasematte 1974 systematisch ausgegraben und wiederhergestellt wurde. Besonders stark war der Torbereich vor dem Halsgraben gesichert, zwei Kasematten, die auf den Vorschlag von Wilhelm Dilich um 1620 entstanden, konnten den Halsgraben selbst absichern; eine weitere Kasematte schützte die nördliche Flanke des Schlossparks, die durch die gegenüberliegende Anhöhe Augustenruhe gefährdet war.
Stehen wir auf der Halsgrabenbrücke, hinter uns der Hexenturm, so befindet sich vor uns ein Plateau, das über eine Freitreppe zu erreichen ist. Darunter liegt die südliche Halsgrabenkasematte aus mehreren unterirdischen Räumen und bis zu 25 Meter langen Gängen. Innerhalb des Schlossparks steht am ehemaligen Turnierplatz ein Judicierhäuschen von 1627 (hier saß das Preisgericht bei Turnieren), dort befand sich auch das Magazin der Festung. Drei expressionistische Bögen geben der Freilichtbühne in der Parkmitte ihr besonderes Gepräge.
Nördlich wird der Halsgraben durch den Hexenturm oder Weißen Turm gesichert, der 1478 erbaut und später zur Hälfte wieder zugeschüttet wurde; zwei Kasematten des 16. Jahrhunderts befinden sich zu Füßen dieses Turmes. Von hier führt direkt ein Weg zur Elisabethkirche hinab, vorbei an einem Wachturm, der noch zum Schloss gehört. Geht man von hier bis zum Renthof (Physikalisches Institut), so hat man von dort einen guten Blick auf die Nordseite des Schlosses und die dortigen Wehranlagen.

*Baualtersplan der Burganlage*

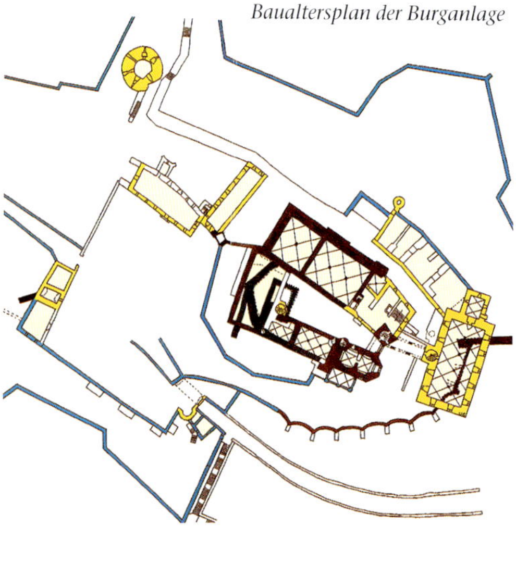

*11./12. Jahrhundert*
*13. Jahrhundert*
*14./15. Jahrhundert*
*16./18. Jahrhundert*
*unbestimmt*

*oben: Schloss, Ansicht von Norden*

*unten: Hexenturm von 1478 und Kernburg*

Das Tor am Halsgraben, heute von klassizistischen Pfeilern eingefasst, war einst durch einen Torturm gesichert. Ein zweites – spätgotisches – Tor in die Vorburg gibt es an der Südseite am Ende der Landgraf-Philipp-Straße, für den fußläufigen Besucher ist dies heute der Hauptzugang zum Schloss. Im Norden des äußeren Schlosshofs steht der ehem. Marstall mit einem Renaissance-Portal (1573), das 1898 vom Haus Steinweg 4 hierher übertragen wurde. Daneben, mit der Giebelseite zum Schlosshof, steht das Zeughaus. Östlich neben dem Marstall führt ein Durchgang auf die Nordterrasse des Schlosses. Der Durchgang enthält ein rundbogiges Tor, das zur Schlossbefestigung der Jahre um 1234 gehört und etwa gleichzeitig mit der westlichen Stadtmauer (s. Kalbstor) entstand.

**Kernburg**. Der Kern des Schlosses entspricht im Grundriss einem Hufeisen. An der östlichen Spitze ist diesem Hufeisen in ganzer Breite der Wilhelmsbau vorgelagert. An ihn reicht direkt die nördliche Stadtmauer heran, in deren Verlauf sich ein Tor in der Mainzer Gasse befunden hat. Ferner schließen sich zu beiden Seiten Wehrmauern des Schlosses an den Wilhelmsbau an. Der Hauptteil des Schlosses besteht aus drei Flügeln: einem Nordflügel, in dem sich der Küchenbau und der Saalbau befinden, einem Westflügel, dem Frauenbau und einem Südflügel mit dem Kapellenbau und der Rentkammer. Der Wilhelmsbau ist mit dem Küchenbau durch einen Galeriegang verbunden.

Von außen besonders eindrucksvoll sind die beiden gotischen Schlossteile: der Saalbau und der Kapellenbau. Der Saalbau, von der Nordterrasse aus zu sehen, ist betont symmetrisch angelegt. Die Mittelachse bildet ein breiter Risalit, der mit einem Treppengiebel besetzt ist. Strebepfeiler heben die

*Schloss, Marstall (links), Renaissance-portal von 1573 des Adelssitzes Steinweg 4 am Marstall (unten), Kernburg von Südwesten (S. 19 oben) und Grundriss der Kernburg (S. 19 unten)*

Einteilung in fünf Joche und zwei Schiffe hervor und lassen sie auch nach außen hin erkennen. An drei der vier Ecken befinden sich Ecktürmchen. Die Schlosskapelle bildet mit dem Renaissance-Türmchen und der Rentkammer eine gelungene Einheit. Dass es sich bei der Kapelle um einen Zentralbau handelt, lässt sich auch von außen leicht erahnen. Wir betreten von Osten her den Inneren Schlosshof. Der linke, südliche Bau (Landgrafenbau) gehört im Kern einer romanischen Bauperiode an (grob um 1200), erhielt seine heutige Gestalt aber weitgehend unter Landgraf Heinrich I. um 1280. Die gotischen Bauteile, Kapelle (links) und Saalbau (rechts), zeichnen sich deutlich ab; die mehrfach umgebauten übrigen Flügel wirken demgegenüber schlichter. Der Rundgang beginnt im nördlichen

Flügel, dem sog. Küchenbau, heute Haupteingang des im Schloss befindlichen Universitätsmuseums, durch das auch die historischen Räume zugänglich sind.

Unmittelbar westlich an den Küchenbau schließt der Saalbau an. Er ist der repräsentative Mittelpunkt des Marburger Schlosses. Der heute eng umschlossene Saalbau stand zumindest im Obergeschoss ursprünglich weitgehend frei, sodass die Ecktürmchen besser zur Geltung kamen. Nur an den älteren Westflügel war der Saalbau unmittelbar angebaut, doch war dieser Westflügel zunächst um ein Geschoss niedriger; auf der westlichen Außenseite erkennt man die Baunaht zwischen Westflügel und Türmchenansatz des Saalbaues gut, dort und hier im Hof ist auch zu erkennen, dass der Westflügel bei seiner Aufstockung nicht ganz an den Saalbau herangeführt wurde; Eckquader in den oberen Wandteilen zeigen dies. Die Anlage vor allem des Innern wird zwar gerne mit Klostersälen etwa der Zisterzienser verglichen, geht aber weit eher auf französische Beispiele des 13. Jahrhunderts zurück.

Der „Große Saal" (Fürstensaal) im oberen Stockwerk dient repräsentativen Anlässen, vor allem Empfängen, Huldigungen und Eidesleistungen. Hier spielte sich jede öffentliche Handlung ab, die den Landgrafen oder ihren Vertretern oblag. In der Nordwand des Saales befindet sich eine große Nische (Mittelrisalit) in der der Thron des Landgrafen stand. Ohne Frage haben wir hier einen der bedeutendsten profanen Säle der Gotik in Deutschland vor Augen. Der langgestreckte Raum ist zweischiffig wie alle großen profanen Säle dieser Zeitepoche. Er ist 33 m

lang, 14 m breit und 7,8 m hoch. Auch höhenmäßig ist der Raum in zwei Zonen eingeteilt: in eine Gewölbezone und eine Unterzone. Auffallend ist besonders, dass beide Raumzonen etwa gleich hoch sind und der Raum so eine harmonische Einheit bildet. Der Ansatz der Gewölberippen liegt zudem bei einer Höhe von 2,6 m, also bei einem Drittel der Raumhöhe. Kapitelle gibt es nicht; schon hier finden wir also einen Ansatz des in der Spätgotik beliebten Motivs der kapitelllosen Gewölbe. Das Gewölbe, ein schlichtes Kreuzrippengewölbe wird von vier Achteckpfeilern unterstützt.

Die einzige Ornamentform bilden im ursprünglichen Zustand des Saales die Gewölbeschlusssteine, auf denen Köpfe dargestellt sind, aus denen Ranken sprießen oder um die Tiere herumzurennen scheinen. Ein Schlussstein zeigt drei im Kreise herumlaufende Mäuse, deren Schwänze in Blattwerk übergehen. Die Fenster entsprechen in ihrer Schlichtheit der Architektur des gesamten Saales. Es hat den Anschein, als seien sie aus einer Steinplatte herausgeschnitten, so, dass nur noch das Maßwerk stehengeblieben ist.

Der Hauptzugang in den Saal führte durch eine jetzt durch ein Fenster ersetzte Tür in der Hofwand; ein Portalrest wurde freigelegt. Außen befand sich – im Hof – ein Treppenaufgang. Die anderen Zugänge gehören in ihrer heutigen Form der Spätgotik oder der Renaissance an, so die kleine spätgotische Tür in der Ostwand und der Zugang zu den Wohnräumen im Westflügel, er führt zu einem galerieartigen

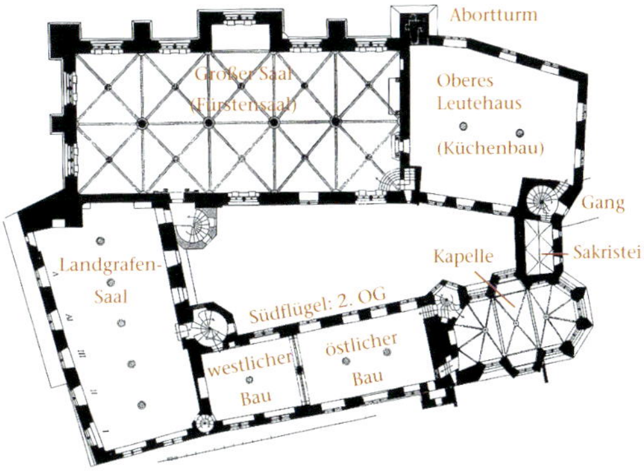

sog. Grünen Gang. Dieser sowie ein Nebeneingang zum Küchenbau wurden 1573 von Nikolaus Hagenmüller mit prächtigen Türumkleidungen, besonders an der Südtür, umgeben. Reiche Einlege- und Schnitzarbeiten wechseln miteinander und geben der Tür ein räumliches Aussehen. Neben perspektivisch räumlichen, figürlichen und ornamentalen Darstellungen sehen wir über dem Portal einen längeren Spruch und das Entstehungsdatum. Die Zentralperspektive der Einlegearbeiten führt zu dem Effekt, dass der Betrachter sich immer in der Mittelachse des Bildes zu befinden scheint, was eine beliebte Spielerei der Renaissance ist und heute bei den meisten Betrachtern Verwunderung auslöst. Teile der Tür sind plastisch gearbeitet, so wird in der Mittelkonsole ein Mann gezeigt, der im Stock gefangen sitzt.

*Schloss, Wilhelmsbau von 1493–97 (oben) und Saalbau von ca. 1292/1300 (unten)*

Über den Grünen Gang, der im 16. Jahrhundert dem Westflügel vorgelegt wurde (1927 rekonstruiert), gelangt man in den West- und Südflügel. Das untere Geschoss des Westflügels war im Spätmittelalter ungenutzt; wir befinden uns hier im 1. Obergeschoss und können durch eine gläserne Pyramide auf die archäologischen Befunde hinabschauen und jenes qualitativ und altersmäßig bemerkenswerte frühe Mauerwerk der Marburger Burg sehen. Der Raum selbst zeigt einige dezent angedeutete Umbauspuren spätmittelalterlicher Fenster an den Wänden, eine Wandnische mit interessanter dreifarbiger Wandmalerei in Form aufgemalter spitzer Winkel sowie gusseiserne Stützen und eine Kappendecke des Umbaus 1880. Es schließt sich ein großer Raum des Südflügels an, der durch Zusammenlegung zweier kleinerer Räume entstand, die Trennwand ersetzte man 1481 durch eine doppelbogige Arkadenstellung. Das spitzbogige Fenster an der Südwand, auch in der Außenansicht sehr auffällig, reicht unter den 1869 angehobenen Fußboden hinab; die Kappendecke entstand 1869/70. Ob es sich hier um das „Landgrafenzimmer“ handelt, in dem Landgraf Philipp der Großmütige (1504–1567) zum Marburger Religionsgespräch geladen hatte, ist völlig unbewiesen. Bei diesem Gespräch, das vom 1. bis 3. Oktober 1529 im Schloss stattgefunden hat, versuchte Landgraf Philipp, die disharmonierenden Glaubensrichtungen der Protestanten, namentlich vertreten durch Martin Luther und Ulrich Zwingli, zu versöhnen. Das Gespräch scheiterte jedoch an der Abendmahlsfrage (symbolisieren Wein und Brot beim Abendmahl Blut und Fleisch Christi oder sind sie damit identisch?).

Das östliche Ende dieses Flügels bildet die Schlosskapelle. Sie ist 1288 der hl. Katharina und dem hl. Georg geweiht. Der Form nach bildet sie ein regelmäßiges gestrecktes Achteck, das in der Mitte von zwei Seitennischen unterbrochen ist. Die zentralisierende Raumeinteilung führt sich darauf zurück, dass man hier nur einer kleinen privaten Kapelle bedurfte und keinen Gottesdienstraum für eine große Gemeinde.

Als größte Besonderheit der Schlosskapelle gilt jedoch die vollständige Ausmalung, die in ihrer ursprünglichen Form wiederhergestellt wurde. Eine romanische oder gotische Kirche ist ohne Ausmalung innen und außen nicht vorstellbar, sie gehört zur Architektur und ergänzt diese z. T. sogar als gleichwertiges Architekturmittel – ja, man kann sagen: Eine Kirche ohne Ausmalung ist, kunsthistorisch gesehen, nur ein Rohbau!
Durch die Restaurierung wurden alle Wände und das Gewölbe wieder mit rötlicher Farbe bemalt, auf der durch weiße Linien Quaderwerk dargestellt ist. Die einzelnen Architekturteile sind farblich voneinander abgesetzt, so die Gewölberippen und die Dienste weiß, die Fensterrahmungen gelb, orange und rot; die Gewölbeschlusssteine sind vergoldet.
Im Westen ist eine großartige Christophorusdarstellung des späten 13. Jahrhunderts zu bewundern. Der schlanke, frontal gesehene 6 m hohe Christophorus (= Christusträger) trägt den als kleinen Erwachsenen mit Bart dargestellten Christus über einen Fluss, der das untere Bilddrittel einnimmt. Hier tummeln sich Fische, Krebse, Seejungfrauen und andere Fabelwesen.
An den Seitenwänden der nördlichen Nische befinden sich jüngere Gemälde aus zwei Epochen. Spätgotisch sind eine Maria im Strahlenkranz und, innerhalb einer gemalten Architektur, Elisabeth, Johannes und Katharina. Unter ihnen schimmert die alte Quaderwerk-Bemalung noch durch. Zwischen 1520 und 1527 wurden ein Johannes Ev. sowie weitere Gemälde hergestellt, teilweise wieder übermalt.
Eine weitere Besonderheit ist der Fußboden, dessen alte Fliesen noch weitgehend erhalten sind; sie deuten einen Teppich an. Hervorgehoben sind durch ihn die Mitte der Kapelle in der Achse des Altars und die beiden Nischen; dort saß wohl der Landgraf mit seiner Gemahlin bei Gottesdiensten. In der Sakristei ist teilweise noch die alte Glasur erhalten, es wurden gelbliche und grünliche Farben verwendet. Hier sehen wir auch noch ein Wandgemälde, es zeigt den hl. Georg. Der kleine Sakristeiraum, einst auch mit einem Altar versehen, ist zugleich das Obergeschoss des schmalen Torbaues.
Durch einen 1870 von Landbaumeister Regenbogen erneuerten Gang wird das Kernschloss mit dem Wilhelmsbau verbunden, der als Teil des Universitätsmuseums dient und vor allem die volkskundlichen und landeskundlichen Sammlungen enthält. Das Vorbild des Saalbaues ist erkennbar, doch wirkt der Wilhelmsbau viel bescheidener. Er ist ein dreistöcki-

*oben: Innenhof der Kernburg*
*unten: Schloss, Porträt und Wappentafel Wilhelms I. am Portal des Wilhelmsbaus, 1493 von Ludwig Juppe*

*Schloss: Großer Saal, Renaissancetüre von 1573 (oben links) und Gesamtansicht (oben rechts); Schlosskapelle (unten)*

ger rechteckiger Bau mit einem kleinen Vorbau im Norden und einem Treppenturm in der Mitte der dem Schloss zugewandten Seite. Über der schlichten spätgotischen Tür befindet sich ein Relief, in dem zwei Wappenträger in Rüstung das landgräfliche Wappen stützen. Von einem Balkon darüber blicken der Landgraf Wilhelm III. und seine Mutter hinab. Unter dem Relief halten zwei schwebende Engel ein Spruchband, das das Jahr der Grundsteinlegung, 1493, angibt. Das Bildwerk stammt von Ludwig Juppe.

Im Anschluss an den Schlossrundgang sei noch ein Blick vom Schlossberg auf die Stadt Marburg empfohlen. Auf der südlichen Seite überblicken wir nahezu die gesamte Altstadt, aus der als besonders markanter Anhaltspunkt das Rathaus mit seinen Treppengiebeln herausragt. Dahinter erkennen wir die Alte Universität, davor das sog. Hochzeitshaus. Ferner sehen wir das Südviertel und auf der Anhöhe dahinter das Stadtviertel am Richtsberg, schließlich den Frauenberg, auf dem Landgräfin Sophie 1250 eine Burg gegen die mainzische Amöneburg erbauen ließ. Bei gutem Wetter überschauen wir von hier das Lahntal bis nach Gießen, bei schlechtem Wetter müssen wir uns mit dem Tannenberg und Ockershausen zur rechten Seite begnügen. Besonders auffallend ist außerdem die Pfarrkirche im Vordergrund, deren schiefer Turmhelm von hier besonders gut zu sehen ist. Rechts erblicken wir weiterhin noch den Bettinaturm sowie Teile der Stadtmauer.

Auf der gegenüberliegenden, nördlichen Seite eröffnet sich uns der Blick auf die Elisabethkirche und auf das Nordviertel, auf den Ortenberg und auf das große Studentendorf am Waldrand. Weiter nach Westen folgt, uns direkt gegenüber, die Augustenruhe; das davor zu Füßen des Schlossberges liegende Tal ist die Ketzerbach, weiter aufwärts die Marbach. Beugt man sich über die Mauer, so sieht man einen kleinen Turm, der, zusammen mit einem vermauerten Bogen, früher einmal das Nordtor des Schlosses bildete. Durch das Tor kam man in unterhalb des Plateaus gelege Wirtschaftsräume, deren Grundmauern nach Ausgrabungen wieder sichtbar gemacht worden sind.

# SANKT ELISABETH UND DER DEUTSCHE ORDEN

## Die heilige Elisabeth

Im Jahre 1207 wurde Elisabeth als Tochter des ungarischen Königs Andreas II. und dessen Gemahlin, Gertrud von Andechs-Meranien, in Sárospatak geboren. Im Alter von vier Jahren kam sie auf die Wartburg, um dort erzogen zu werden, und wurde mit dem späteren Landgrafen Ludwig IV. von Thüringen verlobt. Ihre Erziehung war äußerst religiös, und so blieb sie auch nach ihrer Hochzeit, die 10 Jahre später stattfand, der Kirche eng verbunden. Im Jahre 1226 wurde der bekannte Inquisitor Konrad von Marburg Elisabeths Beichtvater. Im selben Jahr stiftete sie in Eisenach ein Kloster, das dem heiligen Franziskus geweiht war und die Funktion eines Hospitals hatte.

Persönlich widmete sie sich sehr der Pflege von Armen und Kranken: Es werden ihr die sieben Werke der Barmherzigkeit nachgerühmt, die sowohl in einem Chorfenster der Elisabethkirche als auch z. T. in den Dachreliefs des Elisabethschreins wiedergegeben sind. Bei diesen Werken handelt es sich um die Speisung und Tränkung Bedürftiger, um die Pflege Kranker, den Besuch Gefangener, die Aufnahme Obdachloser und das Spenden von Almosen.

Eine jüngere Sage berichtet, dass Ludwig ihr das Spenden und Brotverteilen streng untersagt habe. Als sie dennoch eines Tages wieder mit vollem Brotkorb das Schloss verlassen wollte, um Armen zu spenden, hinterbrachten Dienstmannen dem Landgrafen ihre Absicht. Noch auf dem Schlosshof stellte Ludwig sie zur Rede, während sie den Brotkorb zu verbergen suchte. Auf die Frage nach dem Inhalt des Korbes sagte sie verängstigt, es befänden sich Rosen darinnen. Misstrauisch ließ sich der Landgraf den Korb zeigen und sah ihn mit Rosen gefüllt. Als Elisabeth dann die Armen, denen sie spenden wollte, erreichte, hatten sich die Rosen wieder in Brot verwandelt. Entgegen dieser Legende scheint Ludwig jedoch mit Elisabeths Handeln einverstanden gewesen zu sein.

In den Jahren 1227–1229 führte Kaiser Friedrich II. den 5. Kreuzzug durch; an ihm nahm auch Landgraf Ludwig IV. von Thüringen teil. Noch in Italien starb der Landgraf an einer Krankheit. Ein Bote überbrachte Elisabeth die Nachricht und wies als Beleg einen Ring des Landgrafen vor.

Elisabeth verließ daraufhin die Wartburg und ging in das Franziskushospital in Eisenach, wohl auf Anraten ihres Beichtvaters Konrad. Der Versuch ihrer Angehörigen, sie dem weltlichen Leben zu erhalten, scheiterte: Elisabeth legte ein Keuschheitsgelübde ab. 1228 wurde Konrad von Marburg von Papst Gregor IX. mit dem Schutze Elisabeths betraut. Aus dessen Hand empfing sie auch das Gewand einer Hospitalitergemeinschaft, mit der sie gemeinsam Kranke pflegte. Sie war inzwischen nach Marburg gekommen und gründete ein kleines Hospital außerhalb der Stadt.

Im November 1231 starb Elisabeth; am 19. 11. 1231 wurde sie in einer Kapelle beigesetzt. Bald besuchten zahlreiche Menschen das Grab, zumal von vielen Wundern gesprochen wurde, die dort geschehen sein sollten. Konrad von Marburg bemühte sich beim Papst um die Heiligsprechung Elisabeths. 1232 wurde die Kapelle erweitert. Die Ermordung Konrads im Jahre 1233, der als Inquisitor bei den Fürsten auf heftigen Widerstand stieß, setzte den Bemühungen um die Heiligsprechung zunächst ein Ende.

Der Schwager Elisabeths, Landgraf Konrad von Thüringen, geriet nach einem Überfall auf Fritzlar 1232

*Hl. Elisabeth im Baldachin des Zelebrationsstuhls in der Elisabethkirche, um 1510, wohl von Ludwig Juppe*

*oben, unten und rechts: Elisabethkirche*

in Bedrängnis, die er nur durch den Eintritt in den Deutschen Orden abwenden konnte. Er wurde Deutschmeister und war Anwärter auf den Hochmeisterthron, den er 1239 erhielt, machte also in kürzester Zeit eine große Karriere. Er setzte nicht zuletzt aus politischen Gründen die Bemühungen um die Heiligsprechung Elisabeths fort. Im Sommer 1234 traf er mit Hermann von Salza, dem Hochmeister des Deutschen Ordens, und mit dem Papst in Italien zusammen. Nachdem Zeugenaussagen für die Wunderberichte eingeholt worden waren, wurde Elisabeth zu Pfingsten 1235 in Perugia heiliggesprochen. Kurz zuvor ließ Konrad den Bau einer großen Kirche zu Ehren des Deutschen Ordens und dessen Patronin Maria und zu Ehren der hl. Elisabeth beginnen, eine Marienkirche, die erst später als Elisabethkirche bezeichnet wurde.

## Die Elisabethkirche

Die Elisabethkirche ist ein Sandsteinquaderbau von höchster Qualität und gilt als der erste hochgotische Kirchenbau in Deutschland. Sie vereinigt zwei bemerkenswerte Architekturprinzipien, nämlich das des Dreikonchenchores aus drei gleichartigen Chorabschlüssen im Osten, Norden und Süden sowie das der Hallenkirche aus drei gleich hohen Schiffen.

*Elisabethkirche, Westportal mit Maria, der Schutzpatronin des Deutschen Ordens (oben), Südportal (unten) und Innenraum nach Osten (rechts)*

Der Kirchenbau war von Ablassversprechungen seitens des Papstes und der verschiedenen Kirchenfürsten begleitet. So erteilte Papst Gregor zwei Tage vor der Heiligsprechung Elisabeths einen Ablass an alle, die den Bau der begonnenen Kirche unterstützten. Auch wer an bestimmten Festtagen Kirche und Grab besuchte, konnte mit Ablass seiner Sünden rechnen. Die Grundsteinlegung erfolgte am 14. August 1235.

1249 waren Ostchor und Vierung fertig gestellt sowie die beiden östlichen Mittelschiffsjoche unter Dach. Nun erst scheint die ältere Grabkirche unter Erhaltung der Grabstelle (Platte unter dem Mausoleum!) völlig abgebrochen worden zu sein. Bis 1261 errichtete man Süd- und Nordchor. In zwei Bauabschnitten folgte das restliche Langhaus, dessen Dachwerk 1277 vollendet war. Wohl schon bei Baubeginn 1235 hatte man sich zur Errichtung einer Hallenkirche entschlossen. Mit der Weiterführung der Außenmauern erreichte man gegen 1270 die westliche Turmfront, die als Widerlager für das Gewölbe benötigt wurde; die Stützen des Inneren wurden in der Reihenfolge von West nach Ost gesetzt. Am 1. Mai 1283 fand die Weihe der Kirche statt. Schon 1265 war die Zahl der Priester von 7 auf 8 erhöht worden.

Im Jahre 1290 wurde der Hochaltar der Elisabethkirche geweiht; der Ausbau der Türme war 1314 noch nicht vollendet, aber gegen Mitte des 14. Jahrhunderts schlossen die Bauarbeiten mit der Errichtung des westlichen Mittelgiebels ab.

### Architektur

Die Elisabethkirche hat einen kreuzförmigen Grundriss. Die drei Chorarme bilden einen Dreikonchenchor, an den sich das dreischiffige Hallenlanghaus anschließt. Das zweigeschossige System des Chores mit einfachen Maßwerkfenstern zwischen den Strebepfeilern wurde beim Weiterbau auch auf das Langhaus übertragen. Hierin entspricht die Kirche größeren französischen Pfarrkirchen.

Die Westseite wird von zwei 80 m hohen Türmen mit Klangarkaden und steinernen Spitzhelmen eingenommen. Zwischen die besonders weit vorspringenden Turmstrebepfeiler ist das Westportal gesetzt. In der Mitte des spitzbogigen Tympanons steht Maria mit dem Christkind unter einem Baldachin;

links und rechts der Figurengruppe knien zwei Engel, die der Madonna Kronen darreichen. Das Weinlaub, das links das Bogenfeld ausfüllt, versinnbildlicht Christus, die Rosen auf der rechten Seite Maria. Dem Bildhauer diente die „goldene Madonna" der Kathedrale von Amiens als Vorbild. Unter dem Bogenfeld sind noch die alten farbigen Eichenholztüren erhalten: Sie tragen die ursprünglichen Eisenbeschläge außen und einen Lederüberzug mit dem Deutsch-Ordens-Kreuz innen.
Zwei kleine rundbogige Nebenportale führen an den Seiten in das Langhaus; sonst finden wir an der Elisabethkirche ausschließlich den Spitzbogen angewendet. Das Bogenfeld des Südportals trägt als weiteren Schmuck die Ranken eines Weinstockes.

## Inneres

Die enge Pfeilerstellung des Hallenlanghauses entspricht dem Vorbild französischer Kathedralen, wie Reims und Amiens, die als Vorbilder der Elisabethkirche dienten; sie sind jedoch keine Hallenkirchen, sondern Basiliken mit niedrigeren Seitenschiffen. Die Pfeiler bewirken den Eindruck eines Triumphweges, der auf den Chor der Kirche ausgerichtet ist. Das Prinzip der Hallenkirche, in Westfalen wenige Jahre zuvor eingeführt, scheint für die Elisabethkirche neu entwickelt worden zu sein, da sich die Pfeilerstellung und damit die Raumwirkung insgesamt nicht von den Kirchen in Westfalen mit ihren weiten Pfeilerabständen, sondern aus Frankreich ableiten lassen. Auch in der Gestaltung der Pfeiler und der Wandvorlagen folgt die Elisabethkirche neben der Krönungskathedrale in Reims und der Kathedrale in Amiens den neuen Bauteilen der Kathedrale von St. Denis, die als Grablege der französischen Könige gerade erweitert worden war. Damit schließt sich die Elisabethkirche den modernsten Formen der französischen Hochgotik an.

## Rundgang zur Ausstattung

Am Abschluss des Mittelschiffes sehen wir den Lettner, die Schranke gegen den Chor. Er wurde vor 1343 vollendet und war reich mit Figuren geschmückt, die jedoch auf Befehl des Landgrafen Moritz (1619) fast gänzlich zerschlagen wurden. Nur zwei erhaltene Figuren, Jakobus und Philippus, befinden sich noch in der Kirche, sie stehen zu Sei-

*Elisabethkirche, Grundriss*

*1 Westportal*
*2 Deutsch-Ordens-Tafeln*
*3 Schrein und Flügel des Sippenaltars*
*4 Schrein und Flügel des Elisabethaltars*
*5 Madonna zwischen Elisabeth und Katharina*
*6 Südpforte mit alten Lettnerfiguren*
*7 Schmerzensmann*
*8 Kanzel*
*9 Elisabeth im Kapellenschrein*
*10 Kreuzaltar mit Kruzifix von Barlach, dahinter der Lettner*
*11 Grablege der Preußenkönige*
*12 Marienaltar*
*13 Elisabethmausoleum*
*14 Grundriss der früheren Franziskuskapelle*
*15 Katharinenaltar*
*16 Elisabethaltar*
*17 Vierung mit Gestühl der Deutschordensherren*
*18 Grabmal des Statthalters Philipp Leopold von Neuhof*
*19 Sakristei mit Elisabethschrein*
*20 Sakramentshäuschen*
*21 Hochaltar*
*22 Zelebrantenstuhl*
*23 Grabmal des Grafen August von Lippe-Brake*
*24 Johannesaltar*
*25 Georg – Martin-Altar*
*26 Grabmal für Konrad von Thüringen*
*27 Grabmal für Aleydis v. Braunschweig*
*28 Grabmal für Heinrich I. und Heinrich d. J.*
*29 Grabmal für Otto I.*
*30 Grabmal für Ludwig I.*
*31 Grabmal für Margarete von Nürnberg und ihren Sohn Hermann*
*32 Grabmal für Heinrich und Elisabeth*
*33 Grabmal für Wilhelm II.*
*34 Grabmal für Heinrich III.*
*35 Grabmal für Ludwig II. und Mechthild von Württemberg*

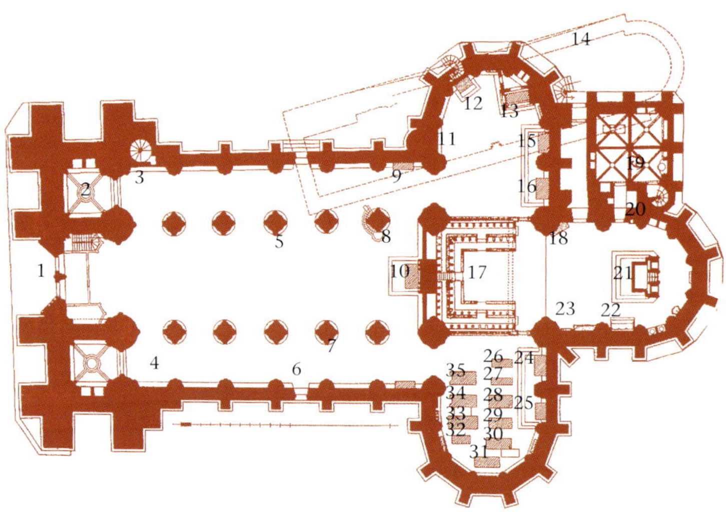

*Elisabethkirche, Madonna zwischen den hll. Elisabeth und Katharina*

*Elisabethkirche, Marienaltar im Nordchor, zwischen 1512 und 1517, Pietà um 1385*

ten des Portals im Südseitenschiff; weitere Reste befinden sich im Universitätsmuseum (s. u. ). Der den Lettner bekrönende, mit Blattwerk geschmückte hölzerne Bogenaufsatz stammt von einer älteren Chorschranke aus dem späten 13. Jh. Außerdem hat sich noch eine Reihe kleinerer Reliefs und Figuren erhalten. So ist an den beiden Seiten des Lettner-Mittelteils je ein Relief zu sehen; es sind die Aufnahme in den Himmel (links) bzw. in die Hölle nach dem Jüngsten Gericht zu sehen. Im Übrigen sind am Lettner eine Reihe kleiner, paarweise angeordneter Fabelwesen zu entdecken. Auf dem Pfarraltar vor dem Lettner steht heute ein Bronzekruzifix von Ernst Barlach (1931).

Wenden wir uns um, so können wir am vierten Schiffspfeiler auf der nördlichen Seite eine Madonna betrachten, sie ist die Leihgabe eines Berliner Museums. Zu beiden Seiten der Figur haben sich noch gotische Wandgemälde erhalten. Links befindet sich eine hl. Elisabeth mit Kirche und Bettler, rechts eine hl. Katharina mit dem Rad. In der Westwand fällt über der Orgel (2006) das moderne Glasfenster von Georg Meistermann (1962) auf.

An der neogotischen Kanzel (1907) vorbei wenden wir uns einer spätgotischen Elisabethstatue zu, die im Nordseitenschiff am Eingang zum Nordchor steht. Das aus Holz geschnitzte Standbild befindet sich in einem wie eine Kapelle gestalteten Gehäuse. Die Art der Falten, lang schwingend und weich, jedoch mit einer Knitterzone am Boden, weist auf eine Entstehungszeit um 1480 hin, das Gehäuse in Form einer Kapelle wurde um 1515 von Ordensangehörigen gestiftet.

Wir betreten nun den Nord- oder Elisabethchor. Auf der linken Seite steht der Marienaltar (um 1517/18), der wohl zu den besten Werken Ludwig Juppes in Marburg gehört. In der Predella (dem Unterbau des Altars) befindet sich das „Marburger Vesperbild“,

*Elisabethkirche, Tumbarelief, um ca. 1350, am Mausoleum der Hl. Elisabeth*

eine Pietà des Weichen Stils. Die Figur wurde wahrscheinlich um 1385 in einer Salzburger oder Wiener Werkstatt geschaffen und ist eines der bedeutendsten Bildwerke dieser Stilepoche. Die freigelegte Fassung in den Tönen Weiß, Blau, Gold und Rot ist für diese Zeit charakteristisch. Ludwig Juppe, der mit dem Kalkarer Meister Loedewich identisch ist, hat Maria Magdalena und Johannes Ev. sehr harmonisch dem schönen Vesperbild angeglichen. Den Hintergrund der Predella bildet eine geschnitzte Landschaft. Im Altarschrein Juppes sehen wir die Krönung Mariens.

Das Elisabeth-Mausoleum auf der Ostseite des Nordchores kennzeichnet die ursprüngliche Grabstelle der Heiligen, es entstand um 1270. Wir stehen vor einem rechteckigen Altarblock mit einem steinernen Baldachin, der sich auf einer Längs- und einer Querseite mit je einem Spitzbogen von unterschiedlicher Breite öffnet. Durch die mit Rankenwerk und Blumen verzierten Bögen innerhalb der in gleicher Weise verzierten Rechteckrahmen wirkt das Mausoleum fast orientalisch. Bögen und Rechteck sind auf starke Bündelpfeiler gestützt. Das gesamte Gehäuse des Mausoleums trägt die alte, wenngleich erneuerte Bemalung. Über dem Boden ist der Altartisch zwischen den Bündelpfeilern eingelassen; seine Schauseite ist mit einem Relief verziert: Elisabeth liegt im Grab, das von Christus, Maria, dem Landgrafen Konrad und verschiedenen Heiligen umstanden ist; Bettler und Krüppel, die ihre Hilfe in Elisabeth fanden, sind auf der Vorderseite dargestellt. Die Stufe vor dem Relief ist von Knienden langsam ausgehöhlt worden. Im offenen Spitzbogen finden sich Metallmedaillons mit Szenen aus dem Leben Elisabeths, in der Mitte spendet sie Bedürftigen.

In der Ostwand dieses Chores befinden sich zwei größere Nischen, in denen seit dem frühen 16. Jh. Schnitzaltäre aufgestellt waren. Diese stehen heute im Langhaus links und rechts des Haupteinganges (s. u.). In der linken Wandnische, über der Mensa des Katharinenaltars, befinden sich Wandmalereien aus dem 2. oder 3. Viertel des 15. Jhs.: Maria Magdalena, die hl. Margaretha, die einen Drachen mit dem Kreuze niederringt, Anna Selbdritt und die Enthauptung Katharinas; darüber weitere Szenen der Katharinenlegende und ein Engelskonzert. Die Wandgemälde des Elisabethaltars in der rechten Altarnische reichen mit der Mittelgruppe in die Zeit gegen 1300 zurück (Weihe 1294), es handelt sich um eine Kreuzigungsszene. Die seitlichen Wandbilder stammen aus dem 15. Jh. Links ist die Legende dargestellt, nach der Elisabeth einen Aussätzigen zur Pflege in das Ehebett aufgenommen hat. Ihr Gemahl Ludwig erkennt jedoch in ihm ein Bild des gekreuzigten Christus. Rechts sehen wir, wie das Grab Elisabeths im Beisein des Kaisers Friedrich II. geöffnet wird. Über der Altarnische befindet sich eine Kreuzigungsgruppe mit plastischem Kruzifix, ebenfalls aus dem 15. Jh.

*Elisabethkirche, Kreuzigungsszene über dem Elisabethaltar, Wandmalerei um 1300*

Ein Durchgang leitet uns in die Vierung, d. i. die Kreuzung von Lang- und Querhaus; zusammen mit dem Hohen Chor diente sie ursprünglich als Gottesdienstraum der Deutschordensritter. Daher waren beide gegen die übrige Kirche zum Mittelschiff durch den Lettner und zu den Kreuzflügeln durch Chorschranken völlig abgeschlossen. Auf der Innenseite befindet sich das im 19. Jh. völlig erneuerte Chorgestühl des Deutschen Ordens.

Im Jahre 1290 wurde der steinerne Hochaltar geweiht. Hinter dem steinernen Altartisch (Mensa) befindet sich ein etwa 4,80 m hoher Altar-Aufbau mit drei gleich hohen Nischen, die der Portalanlage des Straßburger Münsters ähneln; über den Nischen stehen Wimperge und über Eck gestellte Fialen. In den Nischen stehen jeweils drei Figuren: i. d. Mitte die Muttergottes zwischen zwei gekrönten Engeln (vgl. das Westportal), rechts Elisabeth, Katharina und Magdalena; die Figuren links wurden erneuert. Versenkbare Gitter verschlossen einst die Nischen. Der umgehbare Altar ist rückseitig bemalt (Propheten). Rechts sehen wir seitlich vor dem Hochaltar einen Zelebrantenstuhl mit feingegliederter Bekrönung (14. Jh.). Im mittleren Bogen befindet sich eine Elisabethstatue von Ludwig Juppe (um 1510). Das Grabmal daneben zeigt Graf August zur Lippe und wurde 1701 von B. Schwartzenberger geschaffen.

Größte Bedeutung haben die Glasfenster im hohen Chor. Die seitlichen Fenster sind mit Grisaille-Ornamenten geschmückt, die drei mittleren Fenster mit figürlichen Malereien. Sie bilden einen außergewöhnlich umfangreichen Schatz an Glasgemälden aus der Mitte des 13. Jhs., ergänzt um einige Scheiben aus dem späten 13. und frühen 14. Jh.

*Elisabethkirche, Sakramentshaus an der Nordwand des Ostchors, Anfang 15. Jahrhundert*

Obere Fensterreihe links (um 1314): oben Maria mit Christkind und Johannes Ev., unten Apostel Jakobus d. Ä. und die hl. Katharina mit dem Rad.

Mittelfenster (gegen 1249): im Kreis Gottvater in Gestalt Christi, in sechs Feldern darum die Schöpfungstage. Die oberen zwei Figuren: Christus und die Kirche als Braut und Bräutigam, darunter Ecclesia und Synagoge als Sinnbilder für Christentum und Judentum (Synagoge mit verbundenen Augen).

Rechts (14. Jh.): Maria Magdalena am Ostermorgen und Christus, der ihr als Gärtner erscheint, also das Motiv des „Noli me tangere". Darunter befinden sich ein hl. Bischof und Johannes der Täufer.

Untere Fensterreihe (alle Fenster aus der Erbauungszeit des Chores, gegen 1249). Links: oben Elisabeth im Kleid der Armut und der Evangelist Johannes. Darunter befinden sich Maria mit dem Kinde als Madonna Mater Misericordiae (Mutter der Barmherzigkeit) und in blauer Kutte der hl. Franziskus.

*Elisabethfenster, Abschied Ludwigs von Elisabeth beim Aufbruch zum Kreuzzug*

Mitte: Im Kreis eine Kreuzigungsszene, links darunter Johannes der Täufer, rechts der hl. Bartholomäus. Die unteren beiden Fenster sind noch einmal quergeteilt und enthalten vier Bilder aus der Schöpfungsgeschichte.

*Elisabethfenster, Elisabeth empfängt die Nachricht von Ludwigs Tod*

Das rechte Fenster ist das so genannte Medaillonfenster; es zeigt das Leben Elisabeths und sechs Werke der Barmherzigkeit. Im Kreis sieht man Christus und Maria, die Franziskus und Elisabeth krönen. Von unten nach oben: In der linken Fensterbahn 1. Elisabeth gibt Hungrigen zu essen, 2. Durstige tränken und Fußwaschung, 3. Bedürftige kleiden, 4. Obdach gewähren, 5. Kranke pflegen, 6. (im Bogen) Gefangene besuchen und trösten.
In der rechten Fensterbahn sehen wir 1. Geburt Christi (Dieses Medaillon gehört in einen anderen, im Übrigen zerstörten Zyklus, der vermutlich das Leben Maria zum Inhalt hatte), 2. Abschied Ludwigs IV. von Thüringen von seiner Gemahlin Elisabeth vor dem 5. Kreuzzug, 3. Der Bote überbringt den Ring Ludwigs als Nachricht seines Todes an Elisabeth, 4. Aufnahme in die Hospitalitergemeinschaft, Übergabe des Gewandes durch Konrad von Marburg, 5. Almosenspende aus dem Witwengut, 6. (im Bogen) Tod Elisabeths.
Da Maria und die beiden Johannes' sowohl in den Fenstern des 13. als auch in denen des 14. Jhs. abgebildet sind, bietet sich uns eine gute Möglichkeit, den Stilwandel innerhalb der Gotik zu vergleichen. Die Figuren des 13. Jhs. stehen frontal und wirken geschlossen; die reiche Farbigkeit wird durch kräftige Querbänder gegliedert und vermehrt. Um 1314 beschränkt sich die Farbskala auf Blau, Rot, Gold und Weiß. Die Querbänder sind schmal geworden. Die Figuren sind zierlich und halb ins Profil gedreht. Wieder kräftiger sind die Figuren nach der Mitte des 14. Jhs., anstelle der einfachen Darstellung kann aber jetzt die Erzählung treten. In der Farbigkeit nimmt Weiß einen höheren Anteil ein als zuvor.
Neben dem Eingang zur Sakristei, den man durch ein geschmiedetes Eisengitter verschließen kann, ist auf die Sakramentsnische hinzuweisen. Vier plastische Engel halten Lobsprüche. Darunter stehen zwei Deutschordensritter, die Nische wird von den vier Heiligen, Paulus, Johannes Ev. (lk.) und Jakobus und Matthäus gerahmt. Sie befinden sich im Himmel, der durch blaue Mäander („Wolken") symbolisiert ist. Die Sakristei hat ihre ursprüngliche Farbigkeit noch bewahren können und, was etwas sehr Besonderes ist, der kunstvolle Fliesenfußboden zeigt im Bereich des Schreines noch die alte Glasur.
Der Elisabethschrein, durch ein interessantes Eisengitter von etwa 1326 (40 Jahre nach Errichtung der Sakristei) abgeschlossen, ist ein Meisterwerk rheinischer Goldschmiedekunst. Er wurde um 1240

zur Aufnahme der Gebeine Elisabeths hergestellt und hat die Form einer Kirche mit kurzem Querschiff in der Mitte. An der Stirn dieses Querschiffes thront auf der Schauseite der auferstandene Christus, auf der Rückseite finden sich die Reste einer Kreuzigungsszene. Links und rechts an den Langseiten des Hauptschiffes sitzen je drei Apostel unter Arkaden. An den beiden Giebelseiten des Haupt-

*oben: Elisabethfenster, Elisabeth verteilt ihr Witwengut*
*unten: Chorfenster*

*oben: Elisabethfenster, Elisabeths Tod (oben) und Elisabeth beherbergt Obdachlose (unten)*

*Elisabethkirche, Elisabethschrein, 1235–43*

schiffes thronen Maria mit dem Kinde und die hl. Elisabeth. Die acht Dachreliefs zeigen Szenen aus dem Leben Elisabeths und von ihr ausgeübte Werke der Barmherzigkeit; eine gemeinsame Vorlage mit den Glasfenstern wird vor allem bei der Szene „Almosen spenden" deutlich. Beginnend auf der Schauseite links finden wir folgende Darstellung: Elisabeth tränkt Durstige und wäscht ihnen die Füße, speist Hungrige, spendet Almosen, empfängt das Hospitalitergewand. Auf der Rückseite von

*Elisabethkirche, Elisabethfigur des Elisabethschreins, 1235–43*

*Elisabethkirche, Christusfigur des Elisabethschreins, 1235–43*

rechts: Der Bischof von Hildesheim segnet Landgraf Ludwig für den Kreuzzug, Abschied Ludwigs von Elisabeth, der Bote mit dem Ring des Verstorbenen, Elisabeth kleidet Bedürftige. Der Schrein besteht aus vergoldetem Kupfer über einem Eichenholzkern; etwa 700 (ursprünglich 1100) kleine Schmuckstücke verzieren ihn. Seit der Reformation steht der Schrein leer. Landgraf Philipp entnahm ihm die Gebeine Elisabeths und ließ sie an unbekannter Stelle neu beisetzen, um den Heiligenkult zu beenden, ohne das Ansehen seiner Ahnherrin zuschmälern. Später wurden Krone und weitere Reliquien der Heiligen verpfändet, sie gelangten nach Stockholm bzw. Wien.
Von der Sakristei gehen wir schräg gegenüber in den Süd- oder Landgrafenchor. Hier befinden sich zehn Grabmäler von Landgrafen u. deren Angehörigen aus der Zeit von 1240 bis 1510. Erhalten sind in der heutigen Aufstellung nur noch die Grabplatten bzw. Tumben, nicht mehr die Gräber selbst. Wir beginnen bei den beiden niedrigen.

1. Landgraf Konrad († 1240). Er war zuerst Regent des hessischen Teils der Landgrafschaft, trat dann in den Deutschen Orden ein und war in seinem letzten Lebensjahr Hochmeister. In der rechten Hand hält er die Geißel des Büßers, weil er 1232 den Dom zu Fritzlar hatte verwüsten lassen. Das Grabmal steht in der Achse des Südseitenschiffs, wohl als Einziges an seinem ursprünglichen Standort.
2. Landgräfin Adelheid (Aleydis), Gemahlin Heinrichs I. († 1274) mit Sohn. Das Grabmal besitzt, wie das vorige, noch Reste einer Bemalung.
3. Landgraf Heinrich I. († 1308) und Heinrich d. Jüngere († 1298), nach älterer Deutung die Halbbrüder Otto († 1328) und Johannes († 1311). Dieses Grabmal stammt wohl aus der Werkstatt des Folgenden.
4. Landgraf Otto (nach älterer Deutung Heinrich I.). In dem kurz nach 1308 von Otto in Auftrag gegebenen Grabmal hat dieser Typ der Landgrafengräber wohl seinen Ursprung: Der mit

einem Panzerhemd bekleidete Landgraf liegt auf der Tumba, einen Baldachin über dem Haupt. Zwei Engel empfangen die Seele, die den Kopf aus einem Ohr verlässt. Die Füße stehen auf einem Löwen, zu dessen Seiten betende Mönche mit aufgeschlagenen Büchern die Totengebete lesen. An der Tumba stehen acht Trauernde.

5. Landgraf Ludwig der Friedsame. Der Typus des Otto-Grabes erscheint kaum verändert, nur trägt der Landgraf eine Rüstung. Er starb 1458, sein Grabmal wurde 1471 von Meister Hermann gehauen. Besonders reich ausgearbeitet sind die beiden von Löwen gehaltenen Wappen am Kopf- und Fußende der Grabtumba. Am Kopfende sehen wir noch einen spätgotischen Vorhangbogen. Beachtenswert ist, dass die Fialen des Baldachins hier wie Pflanzen geradezu surrealistisch gebogen sind. Es besteht ein künstlerischer Zusammenhang mit Grab Nr. 10.
6. Landgräfin Margarethe († 1406) und ihr Sohn Hermann. Das Grab ist leicht versetzt. Früher lag die Platte direkt auf dem Fußboden, sodass sie durch Darübergehen stark beschädigt wurde.
7. Dasselbe gilt für das Doppelgrab ihrer beiden Kinder Elisabeth und Heinrich († 1394, in der westlichen Reihe).
8. Landgraf Wilhelm II. († 1509); das Grabmal stammt von Ludwig Juppe. Dem Vertrag von 1516 zufolge stammt der Entwurf zum Grab nicht von Juppe, sondern von unbekannter Hand, wahrscheinlich von Johann v. d. Leyten; für die Ausführung wurden 100 rheinische Gulden und 12 Malter Korn bezahlt. Auf der oberen Platte liegt der Landgraf in ritterlicher Rüstung, in der offenen Tumba aber sehen wir den Leichnam des Verstorbenen, von Schlangen, Kröten und Molchen zerfressen („Vanitas"-Motiv). Mit diesem Grabtypus haben Juppe und Leyten Anregungen des berühmten Bildhauers Nikolaus Gerhaert aufgenommen.
9. Landgraf Heinrich III. († 1483).
10. Dessen Bruder Ludwig II. († 1471) mit seiner Gemahlin Mechthild († 1495).

Die beiden Altäre auf der Ostseite des Chores entsprechen in ihre Aufstellung der ursprünglichen des Katharina- und des Elisabeth-Altars im Nordchor. Hinter den Holzaltären befinden sich Reste von Wandmalereien. Die beiden Altaraufsätze stam-

*Elisabethkirche, Landgrafenchor, Südchor als Grablege und Totenkapelle des hessischen Landgrafenhauses*

*Elisabethkirche, Johannesaltar im Südchor*

men von L. Juppe, die Tafelbilder der Flügel von Johann von der Leyten.

In der linken Nische steht der Johannes-Altar (1512). Der geöffnete Altar zeigt uns auf dem linken Flügel links die Geburt Johannes'; im Schrein die Predigt Johannes' in der Wüste, die Taufe Christi durch ihn und die Enthauptung des Heiligen, schließlich auf dem rechten Altarflügel die Schändung seines Grabes. Auf der Außenseite der Flügel werden diese Darstellungen z. T. wiederholt.

In der rechten Nische steht ein Altar, der den hll. Georg und Martin geweiht ist (1514). In der Mitte ist die Messe des Papstes Gregor gezeigt; Christus erscheint ihm und Blut fließt aus seiner Brustwunde in einen Kelch. Links davon erschlägt der hl. Georg den Drachen, rechts teilt der hl. Martin seinen Mantel mit dem Bettler. Auf dem linken Flügel sehen wir das Martyrium des hl. Georg, rechts, wie der hl. Martin mit Bischofsstab und Mithra die Weihen zum Bischof von Tours erhält. Beide Gemälde sind in leuchtenden Farben gehalten, die nur an Festtagen sichtbar wurden, wenn man die Altäre öffnete. Die Bemalung der Flügelaußenseiten ist dagegen dunkler; sie sah man an den Werktagen.

Wir verlassen nun wieder den Dreikonchenchor und gehen durch das südliche Seitenschiff. Gegenüber vom Südportal mit den beiden Lettner-Figuren ist an einem Langhauspfeiler ein gemalter Schmerzensmann zu sehen: der auferstandene Christus weist auf seine Wunden (2. Hälfte 15. Jh.). Am westlichen Ende des Schiffes steht der Elisabethaltar von L. Juppe (1513). Er befand sich früher in der entsprechenden Altarnische im Elisabethchor. Das Hochzeitsmahl, der Gekreuzigte im Ehebett, der Abschied Ludwigs von Elisabeth, Elisabeth in der Franziskanerkirche zu Eisenach, die letzte Ölung durch Konrad von Marburg, die Aufbahrung der Toten und die Erhebung ihrer Gebeine sind Inhalt der Darstellungen. Auf der gegenüberliegenden Seite steht der zweite Altar aus dem Elisabethchor. Es handelt sich um einen ebenfalls von L. Juppe geschaffenen Sippenaltar (1511), der die Familie Christi zeigt, mit der Darstellung der hl. Anna Selbdritt in der Mitte.

## Deutschordensgebäude

Nur wenige Gebäude der bedeutenden Ordensniederlassung in Marburg sind noch erhalten. Auf der Nordseite der Kirche befindet sich eine Gruppe von drei zusammenhängenden Gebäuden: das Deutsche Haus. Der Mittelbau, das Herrenhaus, wurde in der Mitte des 13. Jhs. errichtet und später stark verändert. 1480 setzte man die zunächst offene Arkadenwand davor und baute eine Küche ein, gegen 1790 wurde das ursprüngliche Dach durch ein Fachwerkgeschoss mit Mansarddach ersetzt. Die beiden

Flügelbauten springen im rechten Winkel vor. Den westlichen Flügel nimmt das Brüderhaus ein, das in seinem Untergeschoss aus der 1. Hälfte des 13. Jhs. stammt. Seine Stellung orientiert sich an der Lage der einstigen Franziskuskirche, die das Grab der hl. Elisabeth zuerst umschloss. Auf der rechten Seite befindet sich das Komturhaus, dem der Neue Bau vorgelagert ist. Weitgehend gehört der Bau gleichfalls ins 2. Viertel des 13. Jhs. (romanisches Portal zum heutigen Kellergeschoss), nur die Vorderseite mit dem spätgotischen Schmuckerker ist eine Erweiterung des späten 15. Jhs. Auf der Ostseite hat das Komturhaus den 1530/31 angebauten Chorerker der Hauskapelle. Von der Alten Komturei, die diesem Gebäudekomplex östlich angeschlossen ist, hat sich nur noch eine Säulengalerie aus der Renaissance-Zeit erhalten. Das Barockportal der Alten Komturei wurde dem Herrenhaus vorgesetzt. Weiter südlich am Firmaneiplatz, gegenüber dem Chor der Elisabethkirche, steht der 1515 errichtete Kornspeicher (Mineralogisches Museum), der lange zugleich auch als Backhaus verwendet wurde. Wir sehen also einen interessanten und eindrucksvollen Zweckbau vor uns. Die Firmaneikapelle (Hospitalkapelle) wurde zwischen 1250 und 1286 errichtet. Sie wurde im 19. Jh. abgerissen, drei Schlusssteine befinden sich noch im Museum. Die übrigen Gebäude östlich und südlich der Elisabethkirche sind seit dem späten 19. Jh. entstanden; als Kliniken und Stätten der medizinischen Forschung setzen sie die Tradition des Deutschordens-Hospitals und darüber hinaus die Tradition der ersten Marburger Hospitaliter und der hl. Elisabeth fort. Auf der Grünfläche südlich des Chores der Kirche sehen wir ein freistehendes steinernes Kruzifix; es erinnert an die Grabstätte des vorläufig letzten katholischen Landkomturs, Johann von Rehen († 1570).

Wenig von hier entfernt befindet sich am Pilgrimstein der Alte Botanische Garten, der, ehemals Lustgarten der Deutschordensherren, heute seltene Gewächse aus allen Zonen der Erde zeigt. Die erste Anlage des Gartens erfolgte 1811–14, nachdem unter Jerôme Bonaparte das Gelände der Universität geschenkt worden war. Die erhaltenen Gebäude, Verwaltungsbau, ehemaliges Botanisches Museum (Institut für pharmazeutische Biologie) und Hörsaal kamen aber erst zwischen 1865 und 1883 hinzu, zuletzt der Hörsaal von Universitätsbaumeister Carl Schäfer.

Im Wehrdaer Weg steht die zum ehemaligen Deutschordensgebiet gehörende Elisabethmühle (Lotzsche Mühle). Der renovierte Bau zeigt über dem Eingang das Wappen des Landkomturs Wolfgang Schutzbar gen. Milchling von 1530. Bereits 1181 bestand hier eine Mühle.

Gegenüber der Elisabethkirche führt eine kleine Treppe zur St. Michaelskapelle, dem Michelchen. 1270 wurde die Kapelle errichtet, der bei ihr gelegene Friedhof war im Mittelalter der Pilgerfriedhof. Die heute dort vorhandenen Grabsteine aus dem 16. bis 19. Jh. geben einen guten Überblick über den Wandel der künstlerischen Auffassung vom Figurengrabstein der Renaissance über den Inschriftgrabstein des Barock bis zum klassizistischen Grab-Denkmal.

Die Kapelle liegt auf dem Ausläufer des dem Burgberg benachbarten Hügels, der Augustenruhe. In der Romantik wurde der Hügel „entdeckt“: Auf dem höchsten Punkt erhebt sich seither ein Obelisk zum Andenken an den Besuch der Kurprinzessin Auguste, errichtet 1814 von J. J. Dauber.

*rechts: St. Michaelskapelle, 1270 geweiht*

*S. 38:*
*oben links: Deutsches Haus, Komturhaus, ab 1234 und 15. Jh.*

*oben rechts: Ehem. Firmaneikapelle*

*rechts Mitte: Hauptgebäude des Deutschen Hauses, ab 1234*

*unten: Ehem. Kornhaus, heute Mineralogisches Museum, 1515*

# DIE UNIVERSITÄT

Im Jahre 1527 gründete Landgraf Philipp der Großmütige die Universität in Marburg. Die Klöster waren 1526 säkularisiert worden; ihre Einkünfte kamen dem Unterhalt der Universität zugute, die Gebäude dienten der Unterbringung und werden noch heute von der Universität genutzt. Als erste evangelische Neugründung – nur an der Wittenberger Universität war schon vorher die Neue Lehre eingeführt worden – besaß die Marburger Universität zunächst nicht das Privileg des Kaisers, das sie aber 1541 erhielt.
Nach günstiger Entwicklung im Anfang litt die Universität bald unter den Konfessionsstreitigkeiten, die ihre Ursache im Übergang der Stadt an den reformierten Landgrafen Moritz hatten. Dieser vertrieb die lutherischen Professoren, mit denen Landgraf Ludwig V. von Hessen-Darmstadt 1607 die Gießener Universität gründete. 1623 fiel Marburg durch kaiserlichen Schiedsspruch an Hessen-Darmstadt, und nun mussten die reformierten Professoren ausziehen. Moritz verlegte die Marburger Universität nach Kassel, Ludwig die Gießener Universität nach Marburg. Im Friedensschluss 1648 und der Vereinbarung von 1650 wurde Marburg erneut zum Sitz der hessischen Samt-Universität ausersehen, in der die lutherische neben der reformierten Konfession gelten sollte. Doch der Versuch misslang; die lutherische Universität kehrte nach Gießen, die reformierte aus Kassel nach Marburg zurück. Damit verlor die Marburger Universität die Hälfte der Einkünfte, die Philipp der Großmütige ihr zugeteilt hatte, und sie krankte unter den Folgen, die der Streit von 1605 bis 1653 über sie gebracht hatte, noch über ein Jahrhundert.
Gleichwohl unterrichteten auch in dieser Zeit, wie später, bedeutende Gelehrte: so in den Jahren 1688–95 Denis Papin, der hier die Zentrifugalpumpe und die Kolbendampfmaschine erfand; 1723–40 der Philosoph Christian Wolff, 1742–73 Johann Georg Estor; dann 1787–1803 Johann Heinrich Jung-Stilling, 1802–04 Friedrich Carl von Savigny, Rechtsgelehrter und preußischer Staatsmann. Savigny war ein Schwager von Bettina von Arnim (geb. Brentano) und Clemens Brentano. Auch in der Mitte des 19. Jahrhunderts hatte Marburg einige bedeutende Dozenten: Heinrich v. Sybel (Geschichte), August F. C. Vilmar (Theologie, Verfasser einer bekannten Literaturgeschichte), Wilhelm Roser (Chirurg) und Robert Bunsen, Erfinder des Bunsenbrenners (Chemie). Später dozierten W. Hermann und Rudolf Bultmann (ev. Theologie, 1921–51), Paul Natorp und Hermann Cohen, Begründer der „Marburger Schule"; sie traten für eine Rückbesinnung auf Immanuel Kant ein, daher Neukantianismus. Cohen war der Lehrer des Nobelpreisträgers Boris Pasternak (Philosophie, Literatur); als Student weilte auch T. S. Eliot (Literatur-Nobelpreis) in Marburg.
Ferner lehrten Richard Hamann (Kunstgeschichte), L. Enneccerus (Jura), Ferdinand Braun (Physik, Erfinder der Braun'schen Röhre, Nobelpreis 1909) und der Hygieniker Emil v. Behring; er entdeckte das Diphtherieserum und erhielt 1901 den Nobelpreis. Studenten in Marburg waren u. a. Michael Lomonossow, nach dem man später die Universität Moskau benannte, Nobelpreisträger Otto Hahn und Bundespräsident Gustav Heinemann.
Die Universität beschränkte sich zunächst auf die früheren Klostergebäude; allerdings lasen die Professoren vielfach auch in ihren Privatwohnungen. Im Laufe der Zeit fanden Umbauten statt, und insbesondere die Sammlungen wurden auf verschiedene weitere Gebäude verteilt. In der Barockzeit wurde die gotische Kirche des Franziskanerklosters abgerissen; an ihre Stelle trat 1732 die Universitätsreitschule, die heute immer noch im Besitz der Universität als Institut für Leibesübungen (IfL) verwendet wird. Auch die übrigen Gebäude dieses Klosters wurden in der Barockzeit umgebaut.
Im späten 18. Jh. wurde der Lehrkörper des Collegium Carolinum aus Kassel nach Marburg versetzt, und mit der Aufhebung des Deutschen Ordens fielen seine Marburger Gebäude an die Universität; sie bildeten den Grundstock des hier entstehenden Klinikums. 1839/40 entstand der Neubau der Anatomie an der Ketzerbach. 1872 wurden die alten Gebäude des Dominikanerklosters abgebrochen und an ihrer Stelle neue, gotisierende Bauten durch den Universitätsbaumeister Carl Schäfer errichtet. Diese sog. Alte Universität, der sich die Aula zeitlich und räumlich anschließt, dient jetzt als theologisches Seminar. Die Aula mit einer historisierenden Holzdecke ist auch heute noch der Saal für repräsentative Veranstaltungen. Ihre Wandgemälde stammen von dem Düsseldorfer Maler Peter Janssen und zeigen wichtige Ereignisse der Marburger Geschichte aus der Sicht der wilhelmini-

*Alte Universität, 1872–91 und Universitätskirche, um 1300–20*

schen Kaiserzeit (1903). Gerne lassen sich Besucher auch den Karzer zeigen, in dem man seinerzeit übermütige Studenten kurzfristig einsperrte.
Ebenfalls in die Spätzeit des 19. Jahrhunderts fallen größere Um- und Neubauten im Deutschordens-Bereich und dem anschließenden Gelände (Frauenklinik, physiologisches Institut, Augenklinik u. a.). Die ansteigenden Studentenzahlen – 1527: 124, 1887: 1000, 1909: 2000 – führten zu so schnell wachsendem Raumbedarf, dass während des Ersten Weltkrieges zwei wichtige Neubauten errichtet wurden: das „Landgrafenhaus" mit dem großen Hörsaal, gegenüber der Alten Universität am Lahntor, und das physikalische Institut am Renthof.
Das 400-jährige Universitätsjubiläum 1927 brachte dann eine Reihe wesentlicher Baumaßnahmen, an deren Spitze die Errichtung des Ernst-von-Hülsen-Hauses als „Jubiläumsbau" stand. Es beherbergt das Universitätsmuseum, dessen Sammlungen sich bis dahin im Schloss befanden, das kunstgeschichtliche, archäologische und christlich-archäologische Seminar sowie das musikwissenschaftliche Institut. Zu gleicher Zeit entstand die neue Kinderklinik; die Universitätskirche erhielt eine neue Einrichtung. Ein Jahr später zählte Marburg den 3000., bald darauf den 4000. Studenten. Der Zweite Weltkrieg unterbrach die Entwicklung jäh. Während die Universität 1945 geschlossen wurde, brachte man in der Stadt mittels der Wohnungsnotverordnung Bombengeschädigte aus Frankfurt und Gießen, später Vertriebene und Flüchtlinge aus dem Osten unter. Dadurch ging vielen Wohnungsinhabern (Wohnungen mit 7 Zimmern und 150 m² waren in den gründerzeitlichen Hausbauten keine Seltenheit) eine wesentliche Erwerbsquelle verloren, und für die 1946 wiederkehrenden Studenten bestand eine nie zuvor dagewesene Wohnungsnot, die zwar gemildert, aber infolge des außer 1945 nur durch die Währungsreform 1948 unterbrochenen Anwachsens der Studentenzahlen kaum behoben werden konnte.
1870 hatte man das Staatsarchiv auf dem Schloss untergebracht; 1938 erhielt es im Südviertel ein eigenes Gebäude. Hierhin musste nach 1945 die Universitätsbibliothek ausweichen, damit die nach Westdeutschland geretteten Bestände der Preußi-

schen Staatsbibliothek untergebracht werden konnten. In dem Maße, in dem die Studentenzahl und der Umfang der Sammlungen nach 1945/48 wuchsen, stieg die Raumnot der Universität. Schon von jeher waren die Seminare und Institute über die ganze Stadt verteilt; nicht umsonst prägte der Schriftsteller Ernst Koch („Prinz Rosa Stramin") im 19. Jh. den Satz: „Göttingen hat eine Universität, Marburg ist eine." Die 30 Seminare, die in der Philosophischen Fakultät zusammengefasst waren, befanden sich bis 1966 in 16 Gebäuden, die z. T. weit auseinander lagen.
Seit Beginn der 1960er-Jahre wurde die Universität wesentlich erweitert. Die Reihe wichtiger öffentlicher Bauten begann 1962 mit dem großen Studentendorf an der Geschwister-Scholl-Straße. 1963 setzten die Arbeiten auf dem Schrebergartengelände zwischen Bahnkörper und der Stadtautobahn (B 3) ein, wo ein Schwesternwohnheim und die Bauten der geisteswissenschaftlichen Fakultät entstanden. Der 1967 fertig gestellte Gebäudekomplex besteht aus sechs z. T. turmartigen Institutsgebäuden und der Universitätsbibliothek. Die Institutsgebäude sind alle in gleicher Bauweise errichtet: Ein Kerngerüst mit durchgehenden Pfeilern und aufgehängten Geschossplatten ist außen mit einer Folge aus durchgehenden Brüstungsplatten und durchgehenden Fensterreihen verkleidet. Hörsäle, Seminare, Arbeitsräume, Zeichensäle und Institutsbibliotheken sind nach den einzelnen Fachschaften und Fächern eingerichtet. Der Auflockerung halber sind zwei Gebäude über Eck gestellt, alle sind durch breite Gänge und eine mittlere Halle miteinander verbunden. Die benachbarte Universitätsbibliothek verfügt über einen großen Lesesaal und wird von einem Magazinturm überhöht. Über einen Fußweg ist die Mensa zu erreichen (1962 von Architekt Freiwald), die wenige hundert Meter entfernt an der Lahn steht, gegenüber dem Ernst-von-Hülsen-Haus am anderen Ufer.
Schon bei der Fertigstellung der Turmbauten erwies sich, dass man den Zuwachs der Universität nicht groß genug berechnet hatte. Weiterhin mussten zahlreiche Gebäude in der Stadt angemietet werden. Für die juristische Fakultät entstand anstelle der abgebrochenen Elisabethschule ein Neubau gegenüber dem Landgrafenhaus: das Savigny-Haus.
Das umfangreichste Bauvorhaben wurde jedoch der Komplex der naturwissenschaftlichen und medizinischen Fächer. Da die Stadt in ihrer Ausdehnungsmöglichkeit durch die Vorortgemeinden Cappel, Marbach und Wehrda blockiert war, musste der für Landschaft und Erholung wichtige Wald auf den Lahnbergen zerschlagen werden. Die Ausbauvorhaben werden später durch den Bau des Universitätsklinikums ergänzt, da in den notdürftig erweiterten Klinikbauten im alten Kliniksviertel zwischen Bahnhof und Elisabethkirche die Krankenbetreuung in katastrophaler Weise erschwert war.
Im Grunde ist eine kleine, räumlich so beschränkte Stadt wie Marburg kaum in der Lage, eine auf über 15 000 Studenten angewachsene Universität an einer zentralen Stelle zusammenzufassen. Überall stoßen sich die Baupläne an den Grenzen des Vorhandenen. Doch gelang es, gegenüber dem Ernst-von-Hülsen-Haus auf der Stadtseite 1964 ein kleines Universitätszentrum zu schaffen, mit dem Verwaltungsgebäude und dem 1964 erbauten Auditoriengebäude (beide Nachfolger des Landgrafenhauses). Im oberen Stockwerk des Auditoriengebäudes ist eine Reliefwand von dem österreichischen Bildhauer Fritz Wotruba gestaltet. Treppenhaus und Gänge befinden sich in dem nach außen voll verglasten Gebäude auf der Außenseite, die Hörsäle, mit durchweg künstlicher Beleuchtung und Belüftung, im Gebäudeinneren.

## Das Universitätsmuseum

Den Grundstock des Universitätsmuseums bilden die von Ludwig Bickell begründeten Sammlungen des Geschichtsvereins, die bis 1927 im Schloss untergebracht waren. Auf Bestreben des Universitätskurators Ernst von Hülsen (1875–1950) wurde der Jubiläumsbau errichtet, der die Sammlungen nun aufnehmen konnte. 1981 wurden die kulturgeschichtlichen Sammlungen wieder im Schloss untergebracht. Das Hauptsammelgebiet bildet die hessische Kunst; als Folge einer Verbindung zum kunstgeschichtlichen Seminar nahm das Museum jedoch überregionalen Charakter an.
Im Bereich der Vor- und Frühgeschichte, ausgestellt im Kellergeschoss des Wilhelmsbaues, ist ein Bronzefund, um 800 v. Chr., und ein Fund aus einem merowingischen Kriegergrab, um 700 n. Chr., ausgestellt. Außerdem werden Gräberfunde des 13. Jhs. v. Chr. gezeigt.
Die bedeutende Sammlung kirchlicher Kunst befindet sich im Erdgeschoss des Wilhelmsbaues (für dessen vorübergehenden Eingang übrigens die spät-

gotische Küche abgebrochen wurde). Zu den Werken von herausragendem Rang gehört, in der Nachfolge des Kölner Gero-Kruzifixes, das Birkenbringhäuser Kruzifix, es ist eines der ältesten deutschen Großkreuze und stammt aus der Mitte des 11. Jhs.; darüber hinaus sind drei weitere größere Kruzifixe des 12. und 13. Jhs. zu sehen.

Dem 13. Jahrhundert entstammen die hölzerne Umhüllung des Schreines der hl. Elisabeth sowie einige Gewebefragmente ab dem 7. Jh., und eine Reihe von Glasfenstern aus der Elisabethkirche (u. a. kluge und törichte Jungfrauen). Dem Spätmittelalter gehören mehrere Flügelaltäre an. Die Sammlung wird noch durch ein Kapitell vom Vorgänger des Fuldaer Domes, um 800, einen Gewölbeschlussstein aus Marburg, um 1280, und einen figurierten spätromanischen Prunkschlüssel ergänzt. Die Renaissancekanzel stammt aus der Schlosskapelle, das Orgelpositiv von Wiegant Althefer (1620) aus Wetter.

Das 1. Obergeschoss dient zur Ausstellung der landesgeschichtlichen Sammlungen. Hervorzuheben sind neben zwei bemerkenswerten Eisengussöfen mit Kachelaufsatz und Truhen der Renaissance vor allem die Wappenschilde aus der Elisabethkirche (u. a. von Landgraf Konrad von Thüringen und Landgraf Heinrich von Hessen), ferner sind Waffen und Münzfunde ausgestellt. Aus der Elisabethkirche stammt der große Wandteppich mit der Darstellung des verlorenen Sohnes (um 1430).

Im 2. Obergeschoss ist die bürgerliche und im Dachgeschoss die „bäuerliche" Wohnkultur vertreten, etwa mit Eisenguss-Öfen, Mobiliar, Portalen, den Ludwig Juppe zugeschriebenen Knaggen seines Marburger Wohnhauses, ja ganzer Bauteile wie den Treppenhäusern aus Amönau und Sterzhausen (1801 und 1803) und einiger Kuriositäten wie dem Porträt der 224 cm großen landgräflichen Dienerin Barbara (1583).

Den vierten Sammlungsbereich nimmt in zunehmendem Maße die Malerei des 19. und 20. Jahrhunderts ein, obgleich Marburg in der Geschichte der modernen Malerei keine allzu große Rolle gespielt hat. Die betreffenden Ausstellungsteile sind im Hülsenhaus verblieben. An älteren Werken finden wir hier ein Luther-Porträt von Lucas Cranach d. Ä. sowie Gemälde von David Vinckeboons und Johann Heinrich Tischbein d. Ä., ferner zahlreiche wichtige Marburg-Ansichten (auch Kupferstiche) und Professorenbildnisse. Aus dem 19. Jahrhundert finden sich einzelne Werke der Franzosen Gustave

*Universitätsmuseum, 1927*

Courbet, C. F. Daubigny u. a. und der Deutschen Joh. W. Schirmer, Adolf v. Hildebrand, Friedrich August v. Kaulbach und Hans Thoma. Einen besonderen Rang nimmt das Gemälde „Der Briefbote im Rosenthal", um 1858 entstanden, von Carl Spitzweg ein. Die bedeutende Willingshäuser Malerschule (Künstlerkolonie in der Schwalm) ist durch Werke von Ludwig Knaus, Carl Bantzer und Wilhelm Thielmann vertreten. Abgesondert hiervon finden wir eine Reihe Marburger Maler, unter denen besonders Otto Ubbelohde hervorzuheben ist. Neben einer Vielzahl seiner Gemälde und Zeichnungen sind auch Werke von Friedrich Klingelhöfer und Heinrich Giebel ausgestellt.

Auch die Maler des 20. Jahrhunderts sind mit einzelnen Werken vertreten, so Angehörige der künstlerischen Richtung „Die Brücke", nämlich Karl Schmidt-Rottluff, Otto Mueller, Ernst Ludwig Kirchner und Max Pechstein, vom „Blauen Reiter" Alexej Jawlensky und Wassily Kandinsky, Vertreter der „Neuen Sachlichkeit" wie Georg Schrimpf und Carl Hofer; schließlich Angehörige des „Bauhauses", Paul Klee, Johannes Molzahn und László Moholy-Nagy. Größere Sammlungen besitzt das Museum von den Malern Christian Rohlfs, Paul Baum und Curt Herrmann sowie von dem Bildhauer Georg Kolbe.

Die Kollektion wird schließlich durch Gemälde von Franz von Stuck, Lovis Corinth, Carlo Mense, Willi Baumeister, Alexander Kanoldt, Ernst Nay, Fritz Winter und anderen Vertretern gegenstandsloser Malerei vervollständigt. Inzwischen finden auch Werke der Gegenwartskunst einen Platz im Museum, so eine Installation von Hanns-Jörg Voth. Das Untergeschoss enthält kunstgewerbliche Objekte, vor allem Keramik.

# DIE KIRCHEN

## Kilian

Auf der Mitte des Schuhmarktes steht die ehem. Kilianskirche, die älteste Kirche Marburgs. Sie wurde um 1180 im romanischen Stil erbaut. Mitte des 16. Jhs. wurden der Giebel, die Gewölbe und der Ostturm abgebrochen und zum Bau der eingestürzten Weidenhäuser Brücke verwendet. 1580–81 erhielt der Kilian dann ein Fachwerkobergeschoss. Im Westen ist das ehem. Portal, zum Fenster vermauert, mit schönen Kapitellen erhalten; es trägt die Inschrift: Godescalcus me fecit (Gottschalk hat mich gemacht). Im Inneren, das jetzt durch eine Zwischendecke unterteilt ist, kann man noch die kräftigen Kapitelle und die Ansätze der einstigen Gewölbe sehen.

## Lutherische Pfarrkirche (Marienkirche)

Ein wohl um 1190/1200 errichteter romanischer Vorgängerbau „Unserer lieben Frau" wurde 1227 zur selbständigen Pfarrkirche erhoben. Sie ist es auch, in der Ludwig IV. 1222 die bekannte Gerichtssitzung abhielt, in der man ihm von der Geburt seines Sohnes berichtete. Die heutige Kirche wurde in drei Bauabschnitten errichtet: zuerst der 1297 geweihte Chor (Dachwerk 1291), dann das Schiff, das etwa 1375 bis bald nach 1379 (Datierung des Dachwerks) unter Tyle von Frankenberg als hochgotischer Quaderbau vollendet wurde, zuletzt der zwischen 1447 und 1473 errichtete spätgotische Westturm. Um 1604 kam an der Ostseite noch ein Renaissance-Vorbau dazu. Die Kirche besteht aus Sandstein, wie er in Marburgs Umgebung vielfach gebrochen werden konnte.
Bei einem Gang um das Äußere lenken besonders Fenster und Turmgliederung unsere Aufmerksamkeit auf sich: Hier zeigen sich die verschiedensten Formen gotischen Maßwerks. Zahlreiche leere Konsolen und Baldachine erinnern an den einstigen reichen Figurenschmuck; er fiel der Reform des Landgrafen Moritz zum Opfer. Sehr auffällig ist der hölzerne verschieferte Turmhelm, der leicht nach Südwesten geneigt und verdreht ist. Dies ist durch den Einfluss der einseitigen Austrocknung des Holzes an der sonnenbeschienenen Seite zu erklären.

*Kilian (Schuhmarkt 4), um 1180, Fachwerk 1580–81*

Durch das Westportal betreten wir die große Vorhalle des Glockenturms, die durch das Gedächtnisfenster von Erhardt Klonk (1958) erleuchtet wird und eine Reihe von barocken Grabmälern birgt. Unter der Orgelempore hindurch gelangen wir in den Innenraum und stehen in einer dreischiffigen Hallenkirche. Der mit 5/8-Schluss endende Chor hat außen glatte Mauern und erweckt den Eindruck, als ob die das Gewölbe tragenden Strebepfeiler im Gegensatz zur Elisabethkirche fehlten. Sie fehlen aber nicht wirklich, sondern sind nur nach innen gezogen. Zwischen ihnen befinden sich tiefe Fensternischen, die an die Mittelnischen der Schlosskapelle erinnern. Die trapezförmige Anlage der Nischen erklärt sich aus der ungewöhnlichen Dreikantform der Strebepfeiler. So werden im Chorpolygon und auf jeder Langseite drei Nischen gebildet. Das Langhaus ist mit vier einfachen Kreuzrippengewölben in jedem Schiff überdeckt; sie stützen sich auf Rundpfeiler mit vier Diensten, die denen der Elisabethkirche nachgebildet sind. Bei der Renovierung 1963 wurde die Gewölbebemalung im Chor und in den Seitenschiffen wiederhergestellt, die durch rote Linien auf hellem Grund ein Quadermuster wiedergibt.

*Luth. Pfarrkirche St. Marien, Turm und Hauptportal*

*oben, unten und rechts: Luth. Pfarrkirche St. Marien, Orgel von 1721–22, Wandgräber im Chor, Taufschale um 1625 und Ansicht nach Osten*

Nach der Zerstörung der mittelalterlichen Ausstattung durch Landgraf Moritz erhielt die Kirche im Dreißigjährigen Krieg, nach der Eroberung durch die lutherischen Landgrafen von Hessen-Darmstadt unter dem Landgrafen Ludwig V., einen neuen Altar. Den Aufsatz aus Alabaster schufen Adam und Philipp Franck 1626 in frühbarockem Stil. Die Hauptszenen zeigen links die Taufe Christi, in der Mitte die Kreuzigung und rechts den segnenden, auferstandenen Christus. Ein von Jakob Rottenberger um 1625 gegossener Taufkessel aus Messing enthält eine spätgotische Taufschale.

Auf der nördlichen Chorseite stehen in zwei der drei trapezförmigen Nischen landgräfliche Doppelgräber; das Grab Ludwigs IV. von Hessen-Marburg (1567–1604) und seiner Gemahlin Hedwig v. Württemberg (gest. 1590), sowie das Ludwigs V. von Hessen-Darmstadt und seiner Gemahlin. Geschaffen wurden die Gräber von Gerhard Wolff aus Mainz (1590–93), rechts, und Adam und Philipp Franck aus Gießen (1627–31). In einer Nische gegenüber ist ein Wandgemälde von etwa 1297 erhalten, eine Madonna. Den barocken Orgelprospekt baute Joh. Nikolaus Schäfer aus Hanau 1721–22; der Marburger Johann Friedrich Sommer schnitzte das reiche Ornament. Ferner stehen in der Kirche mehrere barocke Grabmäler von Johann Fr. Sommer und zwei Rokoko-Grabmäler von Johann F. Philipp Sommer. Im Westteil des südlichen Seitenschiffes befindet sich ein romanischer Taufstein, Relikt der ersten Kirche an dieser Stelle. Der obere Rand ist mit einem Rundbogenfries und einer gedrehten Schnur geschmückt.

Gegenüber dem Westeingang der Kirche steht der um 1370 erbaute Pfarrhof. Man betritt ihn durch ein spitzbogiges Tor. Der runde Eckturm und wohl der gesamte Unterbau wurden aus den Resten der ersten Marienkirche erbaut; einige Ziersteine oberhalb der Fenster des Rundturmes geben darüber Zeugnis.

Östlich neben der Pfarrkirche sehen wir den Kerner, im 1. Viertel des 14. Jhs. als Beinhaus (carnarium) erbaut; er diente dazu, die Gebeine Verstorbener aufzunehmen, wenn das entsprechende Friedhofsgrab geräumt werden musste. Als Friedhof diente zu dieser Zeit der Platz vor der Pfarrkir-

che. Ferner befand sich im Untergeschoss die Hl.-Kreuz-Kapelle; das Obergeschoss enthielt eine hochgewölbte Kapelle mit einem Dreikönigsaltar. Bis zu einem Brand im Jahre 1456 erfüllte der Kerner auch den Zweck eines Rathauses.

## Universitätskirche

Die Universitätskirche war ursprünglich als Kirche des Dominikanerklosters erbaut worden. Der Chor war um 1300 im Bau (Dachwerk von 1308). Die geringere Höhe des jüngeren Langhauses (Dachwerk um 1420) dürfte wohl aus dem Mangel an Geldmitteln zu erklären sein. Das Langhaus hat zwei unterschiedlich breite, aber gleich hohe Schiffe; auf der Seite des anstoßenden Klosters (im Süden) verzichtete man auf das Seitenschiff. Dieser Typ der reduzierten Hallenkirche war bei den hessischen Bettelorden verbreitet und fand später auch bei osthessischen Stadtkirchen Aufnahme. Von der Innenausstattung der Kirche stammen Taufbecken und Kanzel noch aus dem 17. Jh. Orgelprospekt und Lettner sind hervorragende expressionistische Arbeiten von 1927. Die an die Kirche anschließenden Universitätsgebäude (Alte Universität) wurden vom Marburger Universitätsbaumeister Carl Schäfer 1872–79 und 1887–91 neu errichtet; ansprechend ist der damals in frühgotischen Formen errichtete Kreuzgang.

*links: Universitätskirche, Chor, um 1300–20*

*Universi-tätskirche, 1300–20 (Fassade) und Alte Universität, 1872–91*

## Kugelkirche

1477 wurde den Brüdern vom gemeinsamen Leben, wegen der Form ihrer Mütze Kugelherren genannt, eine Schenkung gemacht, auf Grund derer sie ein Kloster und eine Kirche errichten konnten. 1478 begann der Bau einer Kirche, 1482 und 1485 fanden Altarweihen statt. Doch schon zu Beginn des 16. Jh. entstand die bestehende Kirche, bis 1516 wurden die Gewölbe fertig gestellt und bemalt. 1520 bat man die Stadt, mit dem Bau der Sakristei in die Kugelgasse hineinragen zu dürfen. Diese (inzwischen ersetzte) Sakristei ist die letzte Baumaßnahme der Kugelherren. 1527 wurde das Kloster aufgehoben und der Universität übereignet.
Ein Netzgewölbe, dessen Rippenanfänge sich überkreuzen, überzieht den Raum; die Schnittpunkte im Gewölbe sind durch Rankenmalereien belebt. Zur alten Ausstattung gehört das turmartige Sakramentshäuschen, das um 1520 wohl durch Bernd Bunekemann (Münster i. W.) aus dem hellen dortigen Sandstein gemeißelt wurde. Die Orgel schuf die Marburger Orgelwerkstatt G. Woehl. Südlich der Kirche liegt das Kugelkloster mit dem 1491 errichteten Fraterhaus, seit der Säkularisation in Universitätsbesitz. An der Ecke, an der eine schmale Gasse zum Haus Barfüßerstr. 3 hinunterführt, erkennt man ein unter Landgraf Moritz abgeschlagenes Kreuzigungsrelief.

*links und S. 47: Kugelkirche, 1516*

# STADTMAUER UND SYNAGOGEN

## Die Stadtmauer

*Bettinaturm, 13. Jahrhundert*

Während die älteste Stadtbefestigung rings um den Marktplatz nur archäologisch erfasst werden konnte, hat sich aus der Zeit um 1190 die älteste Stadtmauer in Teilen erhalten, besonders an der Südseite, wo sie von der Universitätsstraße vom Standort der ehem. Synagoge aus zu sehen ist. Die östliche Mauer ist in den Kellerräumen der Häuser von Reitgasse und Wettergasse teilweise noch erhalten, aber für den Besucher nicht zugänglich. Die Nordmauer ist zwischen Wasserscheide (Wettergasse) und Wilhelmsbau am Schloss erhalten, wenn auch weitgehend von Gestrüpp überwuchert. Die jüngere Westmauer (um 1235) steht noch fast in ganzer Länge, selbst der Stadtgraben ist streckenweise sichtbar. Außer dem Kalbstor in diesem Mauerzug sind noch einige Türme und Turmreste an allen Seiten zu sehen.

## Die Synagogen

*Kalbstor, um 1235*

Die mittelalterliche Synagoge befand sich hinter dem Haus Markt 24 an der Ecke zur Judengasse – die von den Nationalsozialisten vorgenommene Umbenennung in „Schlosssteig“ wurde bislang nicht revidiert – und konnte 1994 archäologisch ergraben werden. Das Mauerwerk ist bis über den Gewölbeansatz hinaus ergraben und lässt einen kreuzrippengewölbten Raum mit tiefliegendem Eingang zur Judengasse erkennen. Eine erste Synagoge aus der 2. Hälfte des 13. Jh. (Schlussstein mit Davidsstern), 1317 erwähnt, wurde beim Stadtbrand 1319 weitgehend zerstört, der Nachfolgebau aus der Zeit nach 1319 wurde 1452 bis auf die heute wieder sichtbaren Reste abgebrochen, seine Steine verbaute man am Kilianskirchhof. Die moderne Glasabdeckung entwarf das Büro Schultze und Schulze aus Kassel (1996–98, errichtet 2001).

Die 1896–97 nach Plänen von Wilhelm Spahr an der Universitätsstraße errichtete neue Synagoge, ein eindrucksvoller Bau des Historismus mit Anklängen an die byzantinische Kunst, fiel dem Rassenwahn des Dritten Reiches zum Opfer, sie wurde am 9./10. November 1938 zerstört. Heute gibt es wieder einen jüdischen Betraum im 1905 von Eichenberg & Dauber erbauten Wohnhaus Pilgrimstein 25.

*Ehemalige Synagoge (Markt 24), 13. Jahrhundert; Glaskubus von Hans-Uwe und Wolfgang Schultze 2000–01*

# HÄUSER – EINE EINFÜHRUNG

## Steinerne Häuser

Beim Marburger Hausbau dominiert das Baumaterial Holz. Steinbauten sind selten, in diesem teuren Material wurden nur die landgräflichen Bauten einschließlich der Kanzlei (s. Landgraf-Philipp-Str. 4), das Rathaus (s. Markt 1) und wenige private Häuser, wie das Steinerne Haus (Markt 18), erbaut.
Das Steinerne Haus ist zugleich das älteste stehende Wohngebäude Marburgs, es entstand um 1320. Doch aus Stein sind nur die ursprünglich verputzten Außenwände. Decken, Innenwände und Dachstuhl sind meist aus Holz. Ein ähnlicher Steinbau, nur wenig jünger, ist Barfüßerstr. 3. Beide Häuser wurden in der Renaissancezeit umgestaltet. Nikolaistr. 3 als spätgotischer Bau (1528) ist das Wohnhaus eines reichen Kaufmanns gewesen. In der Renaissancezeit entstanden zwar keine reinen Steinhäuser, aber die Untergeschosse einiger Gebäude sind aus diesem Material: Untergasse 20, Hofstatt 11, Markt 16 und (z. T. spätgotisch) Marktgasse 17, ehemals ein Kaufhaus.

## Fachwerkhauser

Das übliche Haus war in Marburg bis in das späte 19. Jh. ein Fachwerkbau. Marburgs ältester erhaltener Fachwerkbau ist Hirschberg 13, im Kern von 1321. Charakteristisch sind die Ständer, die senkrechten Hölzer, die ohne Unterbrechung durch alle Geschosse reichen und in die die Deckenbalken „eingeschossen" sind (daher „Geschoss"). Die Verstrebung übernimmt eine Schwertung (langes Schrägholz). Diese Geschossbauweise ist im Spätmittelalter üblich. Lediglich die Giebelseiten besitzen Vorkragungen, die in der Ständerkonstruktion verankert sind. Von mehr als 50 bekannten spätmittelalterlichen Häusern sind mehr als 30 noch erhalten, so das heute fünfgeschossige Haus Schlosstreppe 1 (1418) und das Hinterhaus von Wettergasse 3 (1457).
Schneidersberg 8 und das Hinterhaus von Markt 7 (Aulgasse, 1464) sind sehr kleine Wohnbauten. Ihr Alter erkennt man vor allem an den verblatteten Hölzern, d. h. der Verbindungen aus zwei bündig aufeinander genagelten Hölzern. Weitere spätmit-

*Ehemalige Kanzlei (Landgraf-Philipp-Straße 4), 1573–77*

telalterliche Fachwerkbauten sind u. a. Reitgasse 3 und Barfüßerstr. 53, Barfüßerstr. 13, Nikolaistr. 8, Steinweg 19, Augustinergasse 1, mehrere Häuser in der Weidenhäuser Straße und Barfüßerstr. 4 (um 1540).

Im frühen 16. Jh. setzt sich allmählich eine neue Konstruktionsweise durch: der Stockwerkbau. Jedes Geschoss bildet eine in sich abgeschlossene Einheit, diese Einheiten werden mit geringem Geschossvorsprung übereinander gesetzt. Einige Häuser behalten allerdings noch mittelalterliche Reminiszenzen bei. Häufig sind die Portalformen der Gotik entlehnt (Hirschberg 14, Nikolaistr. 9, Renthof 1, Markt 14 und 17, Hofstatt 1 A, Schlosstreppe 1 u. a.). Sich überkreuzende Streben zeigt Wendelgasse 3 (um 1550). Die Bürgerhäuser dieses Jahrhunderts sind besonders aufwendig gestaltet. Ein Mittel hierbei sind die Erker, wie sie sich bei Markt 16, 17, 18, 19, 21, Barfüßerstr. 4, 33, 35, Wettergasse 41, 42, Hofstatt 11, Marktgasse 17 und Reitgasse 10 finden, an einigen Häusern sogar zwei Erker nebeneinander.

Alle diese Häuser waren mehr oder weniger Einfamilienhäuser, sie bleiben dies bis zum 18., teilweise bis zum 19. Jh. Zur Familie hinzu kommen allerdings bei den wohlhabenden Kaufleuten Gesinde, seit 1527 gelegentlich auch Studenten. Das Untergeschoss diente vielfach als Verkaufshalle, daher auch die besonders hohe Ständerkonstruktion, die innen eine hohe Halle mit umlaufenden Galerien ergab. Ställe waren im Untergeschoss teilweise mit untergebracht. Im mittleren Hausdrittel führte eine Treppe in die oberen Räume, bis ins 16. Jh. eine Wendeltreppe, später eine geradläufige Treppe.

Wie bei der gesamten Konstruktion, tritt auch bei den Details eine Neuerung ein. Besonders interessant ist die Entwicklung der Streben, zumal sie am leichtesten das Alter des Hauses anzeigen. Die gebogenen, sich überkreuzenden Streben (um 1500) wurden durch einfache Streben ersetzt, die zunächst zur Wandmitte hin gebogen sind (Wendelgasse 3, Markt 17, Barfüßerstr. 33), dann nach außen gebogen werden und weit ausladen (Weidenhausen 13, Barfüßerstr. 20, Schuhmarkt 1, Hirschberg 18, Weidenhausen 39 und 68, Kugelgasse 1, Barfüßerstr. 6 u. a.). Im Laufe des 17. Jh. verlieren die Streben ihre Krümmung, im 18. Jh. laden sie auch nicht mehr so weit aus (Hirschberg 16, Steinweg 33 und 36, Barfüßertor 4, Untergasse 5 und 13, Wendelgasse 2 bis 4, Augustinergasse 2, Weidenhausen 8, Wettergasse 16, Markt 22 u. a.).

In der Zeit um 1800 kommen nochmals aufwendigere Fachwerkformen auf. Das ehem. Gasthaus Barfüßerstr. 47 hat ein (z. Zt. leider verputztes) besonders aufwendiges Fachwerkbild. Der Geschossvorsprung ist bei diesen Häusern auf ein Minimum reduziert. Dagegen hat das Haus Wettergasse 12 (um 1785) ein betont unregelmäßiges Fachwerk, das bereits sehr einfach ist. Vielfältig sind die Details von Haustüren über Fensterrahmen mit hölzernem Scheitel bis zu geschmiedeten Blumenkastenhalterungen.

Mit dem Klassizismus fing man an, die Fachwerkhäuser zu verputzen. Einige Neubauten entstanden sofort als verputzte Fachwerkbauten, so Wettergasse 8, 27 und 29. Nennenswerte klassizistische Häuser stehen in der Ketzerbach (1, 6, 7, 8, 10, 61) und in der Elisabethstraße (11, 13, 14), die Zahl der repräsentativen Bauten jener Zeit in der Altstadt ist allerdings gering. In wesentlich stärkerem Maße wurden bestehende Fachwerkbauten verändert, wobei z. T. sämtliche Streben entfernt wurden. Beispiele sind Hofstatt 1 A, 11, 19/20 und Barfüßerstr. 39. Nicht selten wurde auf Grund einer veränderten Nutzung das unterste Dachgeschoss zu einem Vollgeschoss ausgebaut. Aus dem ehemaligen Einfamilienhaus entwickelte sich ein Mietshaus mit meist vier Geschossen (Untergasse 13, Hirschberg 6, Hofstatt 18).

Um 1880 beginnt im Marburger Bürgerhausbau die große Zeit des Historismus. Das Wiederaufgreifen früherer Stilphasen ist typisch für die damals erbauten Gebäude. Dabei können an einem Haus, sei es ein Fachwerk- oder ein Steinbau, mehrere Stile nebeneinander verwendet werden. Neuerungen kommen auch zur Geltung, beispielsweise im Bau von Balkonen, vor allem im konsequenten Bau von Mietshäusern.

Der erste bedeutende Architekt jener Jahre ist der Universitätsbaumeister Carl Schäfer, dem in der Altstadt die Häuser Ritterstraße 3 und Neustadt 24 zu verdanken sind. Die produktivsten Architekten der Jahrhundertwende sind Otto Eichelberg und August Dauber, von denen u. a. Grün 18, Marktgasse 18/20, Steinweg 8 und Wettergasse 11 stammen, aber auch zahlreiche Häuser im Südviertel (z. B. Schückingstr. 3/5). Einfache Häuser der Zeit sind Wettergasse 19, 21, 23, 26 und 28 als geschlossene Baugruppe. Die Verbindung von Fachwerk und Backstein wird zur Norm der Wende vom 19. zum 20. Jh.

# MARBURGER HÄUSER IN EINZELDARSTELLUNGEN

**Aulgasse:** In der Straße der Töpfer (= Euler) ist das Doppelhaus 4/5 hervorzuheben, ein viergeschossiger Bau um 1650. Ein kleines spätmittelalterliches Haus mit dreigeschossigem Ständeraufbau gehört zu **Markt 7** (1464). Das kleine Nachbargebäude mit seinen Schnitzereien der Renaissance entstand um 1600. Die Tür ist das ehem. Rathausportal.

**Augustinergasse:** Die Straße heißt nach der Terminei der Alsfelder Augustiner an Stelle von Nr. 2.

1: Baugruppe aus Speicherturm (1348, Fachwerk), Wohnbau (1497), Zwischenbau (1518) und Hofflügel (1684), hofseitig mit verzierten Stützen. Innen bedeutende barocke Stuckdecke mit Darstellung der vier Elemente Feuer, Wasser, Luft und Erde, um 1670. Ursprünglich Kaufmannshof, dann Sitz der Tertiarerinnen (Franziskaner).

2: Fachwerkbau von außerordentlicher Größe, 1692, repräsentatives Portal um 1780.

3, 4 und 5 sind kleinbürgerliche Fachwerkbauten des 16. bis 18. Jh.

**Barfüßerstraße:** An Stelle der Universitätsgebäude an der Ecke zum Plan befand sich ab 1234 das Franziskaner- oder Barfüßerkloster. Die Kirche wurde 1731/32 durch die barocke Universitätsreithalle des Architekten Charles du Ry ersetzt. Die anschließenden klassizistischen Klostergebäude (Plan 1 und 2) besitzen noch die gotische Stadtmauer als Außenwände.

2: In dem Fachwerkhaus von 1658 haben sich die Treppe und Zimmertüren erhalten. Klassizistische Haustür.

3: Arnsburger Hof. Das Steinhaus wurde in der Mitte des 14. Jh. erbaut (Aborterker) und im späten 16. Jh. mit einer neuen Fassade und einem Fachwerkstock versehen. Barocke Haustür. 1528 erhielt der Reformator Adam Kraft den Hof.

4: Dernbacher Hof, um 1540 erbaut. Vierflügelige Anlage. Im Seitenflügel befindet sich ein Raum mit barocker Wandvertäfelung. Treppe des 17. Jh. Charakteristisch ist die Vortreppe, die zum spätgotischen Portal führt.

6: Fachwerkhaus um 1600 (nicht 1474). Auch einige Nachbarhäuser sind noch so alt.

11 (Städtisches Bauamt): Als Gasthof „Zum weißen Roß" 1744 errichtet, handelt es sich um eine barocke Vierflügelanlage. Am Sandstein-Quadersockel bemerkenswerte expressionistische Fenstergitter.

13: Fachwerkbau von 1330 (Traufe!), verändert 1542 und 1741. Fassaden im Zustand des 19. Jh.

15: Dreigeschossiger Bau um 1610 mit Schnitzereien an den Schwellen. Die Häuser gegenüber gehören dem 18. und frühen 19. Jh. an.

18: Fachwerkbau am Übergang von der mittelalterlichen zur frühneuzeitlichen Konstruktion, 1537–42; Fassade im 19. Jh. verändert. Charakteristisch sind der dreiteilige Grundriss, die gebogenen Streben und die altertümlichen Überblattungen der Hölzer.

19: Ziegelbau aus dem Jahr 1866, einer der frühesten historistischen Bauten in Marburg.

20: Typischer Fachwerkbau des späten 16. Jh. (1585). Farbigkeit nach Befund des Verf. rekonstruiert.

21: Fachwerkhaus mit gekrümmten Streben, um 1600, historistische geschnitzte Konsolen wohl von 1897.

22: Große Tiefenerstreckung kennzeichnet dieses schmale Fachwerkhaus des 16. Jh.

27: Fachwerkbau aus den Jahren um 1590/1600. Auffällig ist die leider unkorrekt rekonstruierte Farbfassung. Der Befund des Verf. ergab eine rote Erstfassung (Bauzeit) und eine marmorierende Übermalung auf weißem Grund (um 1700), bei der Rekonstruktion wurde die Marmorierung aber auf den roten Grund der Erstfassung aufgetragen. Vor dem Haus wurden die

*Städtisches Bauamt (Barfüßerstraße 11), 1744*

*Barfüßerstraße 2 (1658, links), Arnsburger Hof (Barfüßerstraße 3), Mitte 14. Jahrhundert und Nr. 4, um 1540*

Fundamente eines romanischen Stadttores (um 1190) gefunden.
30: Das um 1800 erbaute Fachwerkhaus erhielt im späten 19. Jh. den erhaltenen Laden mit alter Einrichtung.
33: Um 1580 erbaut (Eckerker). Das Untergeschoss wurde um 1900 erneuert.
35: Fachwerkhaus um 1600 mit Eckerker. 1802–05 wohnten hier die Brüder Grimm.
40: Die äußere Erscheinung wird durch die Restaurierung von 1907 bestimmt (Hermesstatue, Philipp der Großmütige und Wilhelm II. in Flachrelief), im Kern stammt das Haus aus der Zeit um 1600 (nicht von 1525). Die ursprüngliche Treppe ist noch erhalten.
45: Im Kern 1321–22. Fassade mit gebogenen Streben, 1555.
46/47: Auch dieses Fachwerkhaus gehört im Kern dem 16. Jh. an (Giebel), wurde aber um 1800 umgebaut und östlich erweitert. Die Erweiterung diente als Hotel und ist z. T. mit Holzvertäfelungen und Stuckdecken ausgestattet. Das heute leider verputzte Fachwerk ist äußerst reich gestaltet.
48: Im Gasthof zum Bären ist 1529 Martin Luther abgestiegen, doch der Bau wurde im 16. Jh. erheblich verändert: Die Zwerchhäuser und Teile der Fassade entstanden neu. Den Bärenbrunnen daneben ziert eine Löwenfigur.
49: Gründerzeitlicher Bau von 1904 mit fast unverändert erhaltener Inneneinrichtung (Treppe, Türen, Wandvertäfelung).
51: Dreigeschossiger Fachwerkbau um 1600, Fensterachsen 1881, Ladenumbau 1908.
53: Geschossbau des späten 15. Jh., Giebelvorsprung mit Knaggen. Im Inneren ursprünglich geschnitzte Säulen statt der Trennwände, das Haus diente vermutlich als Kaufhaus oder Lagerhaus eines wohlhabenden Patriziers.

*Hirschberg 13, 1321 (Traufseite zur Reitgasse), 1477 (Giebelseite zum Hirschberg), 1975–78 Rekonstruktion*

**Barfüßertor:** Das eigentliche Torhäuschen gehört noch zu Barfüßerstr. 1. Außerhalb der Stadtmauer liegt der sehenswerte Barfüßerfriedhof mit einer barocken Totenkirche, 1736/37 (innen verändert).
4: Entstand nach dem Dreißigjährigen Krieg 1657 neu. Von großem Wert ist die figürliche Stuckdecke im 1. Obergeschoss.
**Elisabethstraße:** Sie führt von der Elisabethkirche zum gleichnamigen klassizistischen Stadttor an der Ecke zur Bahnhofstraße. Ein Torhaus ist in Nr. 15 noch erhalten geblieben. Vor dem Tor liegt der 1914 neu gefasste Elisabethbrunnen, dessen Quelle bereits seit dem 12. Jh. bekannt ist. In der Bahnhofstraße folgen zwei Brücken von 1829 bzw. 1828.
1, 2 und 4 sind ältere Fachwerkbauten. 4 gehört dem 18. Jh. an und fällt durch Ornamente einer Renovierung von 1903 (Eichelberg & Dauber) auf.
11, 13 und 14 sind ansehnliche klassizistische Mietshäuser. Von sieben Häusern fielen drei dem „Wirtschaftswunder" zum Opfer.
**Grün:** Dem alten Vorort Grinde (Grün) wird heute zu wenig Beachtung geschenkt. Besonders die Lahnfront der Häuser könnte äußerst reizvoll sein.
1: Der Fronhof, 1899 durch P. Schenck in spätgotischem Stil erbaut, trägt noch den Namen des landgräflichen Wirtschaftshofes des 12. /13. Jh. an der Lahnfurt.
16/18: 1906/07 entstand der Bankneubau im Stil der Renaissance. Architekten waren Eichelberg & Dauber.
31: Klassizistisches Torhäuschen von 1832.
56/58: Die barocke Ölmühle war eines der wenigen technischen Denkmäler der Stadt, die Mühleneinrichtung war bis 1996 weitgehend erhalten. Zur Mühle gehörte der Mühlgraben.
**Hahnengasse** 5: 1716 erbaut, im 19. Jh. erweitert. Farbigkeit rekonstruiert.
**Hirschberg** 1: 1897 von Eichelberg & Dauber errichtet.
2: 1875 als Fachwerkhaus erbaut.
6: 1632 datiert. Die alte Treppe ist noch erhalten.
10: Fachwerk mit ausladenden, leicht gebogenen Streben, Anfang 17. Jh.
13: Geschossbauteil 1321 nach dem großen Stadtbrand errichtet (wandhohe Ständer mit Querunterzügen und parallel zum First liegenden Balkendecken, Seitenfronten mit Schwertungen versteift). Giebelfront 1477 neu gebaut, dabei Umbau des obersten Geschosses zu einem Kniestockgeschoss. Es handelt sich um den ältesten bekannten Kniestock (Dachschräge setzt auf Höhe der Fenster an) in Hessen. 1977 Abbruch und Rekonstruktion.
14: Um 1540/50 in spätgotischer Tradition erbaut. Der Zimmermeister verwendete mehrere Strebentypen, altertümliche und moderne, nebeneinander.
15: Spätmittelalterlicher Fachwerkbau mit Zimmertüren des 17. Jh. und wertvoller Treppe des späten 18. Jh.
16: Renaissancebau (um 1610) mit geschnitzten Rosetten.
18: Fachwerkbau um 1600. Die Gefache sind nach alter Tradition mit Kratzputz verziert.

*rechts: Ehemalige Kanzlei (Landgraf-Philipp-Straße 4), 1573–77*

*links: Rittergasse, Kugelkirche und Kugelgasse 1*

**Hofstatt:** Neben dem Fronhof (und später dem Renthof) bestand hier zeitweise ein landgräflicher Verwaltungs- und Wirtschaftshof. Im 13. Jh. war die Hofstatt daher ein Hauptzentrum der Stadt.
1 A: Fachwerkbau von 1568. Trotz Veränderungen des 19. Jh. wirkt der Bau äußerst repräsentativ, ja monumental. Ein spitzbogiger Eingang und ein Ladenfenster sind in Ansätzen erkennbar. Haustür aus dem frühen 19. Jh. Die wertvolle Treppe wurde bei der Sanierung entfernt.
4 und 7: Fachwerkbauten mit gotischen Teilen.
11: „Jung-Stilling-Haus". Renaissancebau des späten 16. Jh. mit reichen Schnitzereien, besonders am Eckerker. Ein doppelter Keller und ein zweigeschossiger Dachstuhl (mit Aufzugswinde) zeichnen das um 1840 zum Professorenwohnhaus veränderte Gebäude aus.
18: Fachwerkkomplex, Kernbau 1532.
21: Schmaler Bau des 17. Jh., im 19. Jh. restauriert.
23: Mit dem Baudatum 1601 verbinden sich außer dem hohen Unterbau und dem gotisierenden Portal auch moderne Elemente wie Streben mit Knaggen (darüber). Reste der alten Farbigkeit wurden gefunden.
**Judengasse:** Den heutigen Straßennamen „Schlosssteig" erhielt die Gasse während der nationalsozialistischen Diktatur. Bemerkenswert ist die hübsche Rokokotür von Nr. 4 (um 1770, mit Intarsien). Zur Synagoge (Markt 24) s. o.
**Ketzerbach:** Noch im 16. Jh. befand sich hier der Turnierplatz der Landgrafen. Erst 1859 wurde der Bach überwölbt, der heutige Parkplatz wurde wieder als Allee bepflanzt. Ansehnliche klassizistische Häuser machen ihren größten Wert aus.
1: (Stadtbücherei, 1836). Klassizistischer Bau, ehemals Hotel, als Abschluss des Straßenplatzes errichtet. Auch das Nachbarhaus (10) und die Häuser gegenüber (6 bis 14) gehören dem klassizistischen Stil an. Sie zeichnen sich durch gute Fassaden, Haustüren (10) oder Treppen (7) aus.
5: „Lokomotive" von 1866. Verputztes klassizistisches Fachwerkhaus.
44: Fachwerkhaus von 1736 mit hervorragendem Steinportal.
54: Fachwerkhaus mit Teilen des 16. Jh. und von 1640.
57: Klassizistischer Wohnbau von 1826.
61: Klassizistischer Steinbau, um 1840.
63: Die alte Anatomie entstand 1839/40 nach Entwürfen der Jahre 1836–38, Obergeschoss 1901.
**Kugelgasse:** Die nach dem Kugelkloster benannte Gasse stellt eine Schrägverbindung zwischen Ritter- und Barfüßerstraße dar.
1: Der erste hessische Bezirkskonservator, Ludwig Bickell, bewohnte dieses Haus des 17. Jh. Flur, Treppe und Haustür haben noch ihr barockes Aussehen.
6: Das Haus von 1589 setzt sich aus gemauerten und gezimmerten Teilen zusammen. In zwei Geschossen gibt es eine Art Holzkassettendecke.
7: Viergeschossiges Fachwerkhaus, um 1600 erbaut, westl. Bauteil aus dem 16. Jh. Um 1700 wurde die Tür, um 1750 die Rokoko-Treppe neu eingebaut.
13/14: Doppelhaus in mittelalterlicher Tradition, 1. Hälfte 16. Jh.
**Landgraf-Philipp-Str.** 2: „Wolfsburg". Mittelalterlicher Burgsitz, dessen Ruinen 1861 und 1887 ausgebaut bzw. erweitert wurden. Die Ausstattung des 19. Jh. ist erhalten.
4: Kanzlei, 1573–76 von Ebert Baldewein errichtet (Religionskundliche Sammlung). Der langgestreckte viergeschossige Steinbau wird von zwei Volutengiebeln bekrönt, die einst überall mit Figuren (von Melchior Atzel) besetzt waren. Die Mitte der Frontseite teilt ein rechteckiger Wendeltreppenturm. Bemerkenswertes Renaissanceportal.
**Lingelgasse** 13: Als zootomisches (= tiermedizinisches) Institut der Universität 1825 in Fachwerk errichtet.
**Ludwig-Bickell-Treppe:** Die nach dem Bezirkskonservator Bickell benannte Treppe mit 140 Stufen wurde 1583/84 von Ludwig IV. für seinen Leibarzt Johannes Wolff (Ritterstraße 12) und als direkter Zugang zur Pfarrkirche angelegt.

**Lutherischer Kirchhof** 3: Alte Schlossbergschule, 1825 neu gebaut. Haustür und Treppe sind ursprünglich.
**Mainzer Gasse** 25: Fachwerkbau von 1602.
32/34: Ursprünglich handelte es sich um drei Häuser mit verschiedenen Bauphasen und Anbauten, weitgehend aus dem 16. Jh. stammend. Um 1627–30 wurden die Häuser vereinigt, figürliche Stuckdecken und eine frühbarocke Treppe entstanden. Nördlich des Hauses sind die Reste eines romanischen Stadttores (um 1190) erhalten geblieben.
**Markt**: Der Marktplatz ist der erste große Stadtplatz, der um 1180/90 durch die Erweiterung des ältesten Stadtkerns (an der Kilianskirche) nach Westen geschaffen wurde. Ursprünglich war der Platz nach Süden offen.
Der Marktbrunnen ist, gemessen an der Gesamtanlage des Marktplatzes, an den Rand gedrückt. Er ist die erste Wasserquelle des Ortes. Häufig wurde er verändert, sein heutiges Aussehen trägt er seit 1951: Der mit dem Drachen kämpfende hl. Georg stammt von dem Kölner Bildhauer Breitenbach. Dieser Brunnen hatte vier Vorgänger. Der zweite war ein Wappenbrunnen von Ludwig Juppe, ihm folgte ein Brunnen des 18. Jh. und diesem wiederum einer von 1864.
1: Das **Rathaus** ist ein dreistöckiger Steinbau mit einem steilen Satteldach, das ein spitzer kleiner Dachreiter bekrönt, zu beiden Seiten ragen Treppengiebel auf. An beiden dem Markt zugewandten Ecken erkennen wir kleine Eckerker, der westliche durch den Küchenanbau teilweise verdeckt. Die Front des Gebäudes wird durch einen vorgestellten Treppenturm in der Mitte geteilt. Der spitzbogige, von sich kreuzenden Stäben umrahmte Turmeingang ist ein spätgotisches Motiv. Über der Tür befindet sich in einer kleinen Nische, die wie der Chorraum einer Kirche gestaltet ist, die hl. Elisabeth in Halbfigur; sie trägt in der einen Hand die Kirche, in

*oben: Markt 19*

*Rathaus (Markt 1), 1511–26*

*rechts: Obermarkt mit Marktbrunnen*

der anderen das landgräfliche Wappen. Ein Löwe unter ihr hält das Wappen und das „Gemerke" der Stadt, ein Majuskel-M. Das 1524 bezeichnete Relief stammt von Ludwig Juppe.
1512/13 errichtete Meister Klaus, Steinmetz aus Wetzlar, das Rathaus. Der Innenausbau wurde erst 1524–27, u. a. durch Stadtmaurermeister Jost, vollendet. Das Untergeschoss, das auf der Talseite freiliegt, beherbergte früher eine Fleisch-Kaufhalle. Das Erdgeschoss diente gleichfalls als Kaufhalle. Der Ratssaal befindet sich im 1. Obergeschoss auf der östlichen Seite. Zu den Amtszimmern öffnen sich z. T. gotische Steintüren oder Renaissancetüren mit Einlegearbeit (1577). Die Sanierung 1989–1994 blieb, namentlich im Innern, nicht ohne vermeidbare Verluste wertvoller Substanz; das Äußere wurde gereinigt und mit einem Fugenputz versehen.
1581/82 setzte man unter der Leitung von Ebert Baldewein den Giebelaufsatz auf den sechseckigen Treppenturm. In der Mitte befindet sich eine Uhr mit doppeltem Zifferblatt; über dem kleinen Fenster ist eine Weltkugel angebracht, die sich langsam dreht. Auf dem Giebel steht ein Hahn, der zur vollen Stunde die Flügel hebt, während links von der Uhr ein Bläser in die Trompete stößt (von ihm und nicht von dem Hahn stammt der Ton, den man meist für ein Krähen hält) und der rechts stehende Tod die Sanduhr umdreht. Unterhalb der Uhr steht eine knapp lebensgroße Justitia. Sie hält in der Hand eine Waage. Der nach Westen angefügte Küchenflügel des Rathauses ist ebenfalls ein Werk Baldeweins, 1574–75, 1912 hinter alter Fassade neu gebaut.
2: 1911 von Eichelberg & Dauber errichtet.
7: Zwei ältere Häuser wurden im 18. Jh. zusammengefasst. In der Aulgasse (s. o.) steht ein spätmittelalterliches Hinterhaus.
11: Neubau von 1883, Fachwerkbau mit Backsteingefachen.
14: Das 1600 erbaute Gasthaus zeigt das Aufgreifen gotischer Bautradition dieser Zeit: Untergeschoss in Geschossbauweise. Treppe des 17. Jh.
15: Spätbarocker Fachwerkbau der Jahre um 1790. Ein biedermeierliches Gemälde von etwa 1840 zeigt an dieser Stelle ein gotisches Steinhaus, das es jedoch niemals gegeben hat. Im Vorgängerbau (vermutlich aus Fachwerk) wohnte und experimentierte zeitweilig Denis Papin. Bemerkenswert sind die Stuckdecken und die Innentreppe.
16: „Zum Stern" bzw. „Künstlerhaus", in zehnjähriger Bauzeit bis 1675 errichtet (Bautagebuch als Manuskript in der Universitätsbibliothek Marburg erhalten), unter Anlehnung an Bürgerhäuser der Zeit um 1600. Man betritt das Haus durch ein großzügiges Portal von 1675 mit Rokokotür (um 1770), darüber klassizistischer Palmettenschmuck (um 1820). Im Inneren sind die alte Treppe und barocke Stuckdecken erhalten.
17: „Stiefel", Fachwerkbau um 1560 mit nach außen gebogenen Streben. Es handelte sich ursprünglich um ein Doppelhaus mit doppeltem Eingang. Auch hier sind noch gotisierende Elemente zu erkennen.
18: Steinernes Haus. Erbaut 1319–23 d; eine gelegentlich vorgeschlagene Datierung des Mauerwerks schon um 1290 ist unbewiesen und wenig wahrscheinlich, Dennoch ist es das älteste erhaltene Wohngebäude Marburgs. Das Dachwerk ist noch ursprünglich. Im 16. und 17. Jh. wurde das Haus verändert (Fenster, Erker,

Stuckdecken, Wandmalereien, Kamin), 1976 saniert (Einbau der Wendeltreppe, Wiederherstellung der Giebel). In der Traufengasse blieb ein Aborterker erhalten.
19: In enger Anlehnung an Kasseler Fachwerkhäuser ließ sich 1566 der aus Kassel stammende Rat Justus Didamar das dreigeschossige Fachwerkhaus in für Marburg ungewöhnlicher Traufenstellung (Dachschräge zur Straße) errichten und mit profilierten Füllhölzern („Schiffskehlenmotiv") verzieren. Innen originale Wendeltreppe.
21: Um 1560 erbaut, 1916 (von A. Dauber) und 1976 grundlegend restauriert. Das Untergeschoss entspricht ganz dem Stil der Gründerzeit, die Erker sind original. Treppe 17. Jh.
20 und 22: Beide Häuser gehören dem späten 17. bzw. 18 Jh. an, ihre Fassaden sind betont flach gehalten, das Fachwerk ist in gutem Zustand. Beide Bauten enthalten Barocktreppen.
23: Stark veränderter Renaissancebau mit gotischen Resten.
24: s. Abschnitt Synagoge.
Marktgasse 17: Das steinerne Untergeschoss mit zwei Arkaden und zwei Eingängen ist eine gotische Kaufhalle (um 1510), das Obergeschoss und die Fachwerkteile gehören der Renaissance an (um 1580). Bis 1634 wohnte hier der Jurist Hermann Vultejus, 1723–40 der berühmte Philosoph Christian Wolff. Westlicher Bauteil 1893/94.
18–20: Das 1905 erbaute Doppelhaus (später „Dürerhaus" nach der kunstgewerblichen Ladenkette) ist der größte Gründerzeitbau in Marburgs Altstadt. Das Haus, an dem auch O. Ubbelohde mitgearbeitet haben soll, orientiert sich in den Obergeschossen an Nürnberger Vorbildern, das Untergeschoss wiederholt das Portal von Reitgasse 4 (einschließlich der dortigen Haustüre). Architekten waren Eichelberg & Dauber.

*unten: Steinernes Haus (Markt 18), 1319/23*

**Metzgergasse** 5: Fachwerkhaus von 1667.
**Mühltreppe** 1 und 2: Die Gebäude am Verbindungsweg zwischen der Altstadt und dem früheren Vorort Pilgrimstein reichen zumindest noch in das 17. Jh. zurück.
**Neustadt:** Die Neustadt wurde zusammen mit dem Renthof um 1260 der Altstadt vorgelagert und stellt die jüngste mittelalterliche Stadterweiterung dar. In der ursprünglich durch Handwerker besiedelten Straße lag u. a. die „Schustertürkei" (oberste Gebäude der Bergseite), das ärmliche Schusterviertel des 19. Jh.
1: Fachwerk-Giebelhaus des 17. Jh.
2/3/4: Neubauten von 1875, 3 und 4 als Nachfolger des ältesten damals bekannten deutschen Fachwerkhauses (um 1320, „Schäfersches Haus" nach dem Architekten Carl Schäfer, der das Haus mit Ludwig Bickell entdeckte).
5: Fachwerkbau des frühen 16. Jh.
16/19: Die völlig unterschiedlichen Bauten wurden 1909/10 gemeinsam von den Architekten Eichelberg & Dauber errichtet.
21: Gründerzeitbau (1895/96) von Otto Eichelberg, mit Kratzputz. Als Vorbild diente niedersächsisches Fachwerk.
24: Historistischer Fachwerkbau des bedeutenden Architekten Carl Schäfer, 1878–80 errichtet. Kratzputz.
**Nikolaistraße** 3 („Hochzeitshaus"): Hohes dreigeschossiges steinernes Wohnhaus, dessen steiles Walmdach von sechs Dachtürmchen umstanden ist. Es war das Privathaus eines reichen Bürgers, Hermann zum Schwan, der es sich 1528 errichten ließ (sein „Schwanhof" steht, stark verändert, noch an der Schwanallee im Südviertel der Stadt). 1663 wurde es umgestaltet, innen erhielt es Stuckdecken, und nur wenige Details (Innentüren und der Wendeltreppenturm) zeugen noch von der eigentlichen Entstehungszeit des Hauses. Um 1740 fand nochmals eine Erneuerung statt, damals kam das Barockportal hinzu. Die irrtümliche Bezeichnung als „Hochzeitshaus" entstand im 20. Jh.; zum Feiern nutzte man das Rathaus.
8: Im Kern handelt es sich um einen Fachwerkbau des späten 15. Jh., die Fassade 1991 teilweise rekonstruiert.
9: Das Haus verdankt einschließlich Tür und Treppe sein Aussehen dem Barock, einige ältere Reste sind aber noch erkennbar (Portaloberlicht).
**Pilgrimstein:** Als Bulkenstein wurde der Pilgrimstein bereits 1311 genannt. Um 1800 zur Umgehungsstraße ausgebaut, ist von dem alten Vorort fast nichts mehr erhalten.
33: Wohnhaus des 17. Jh. 1885 wurde die Scheune, jetzt gleichfalls Wohnbau, angefügt. Urspr. freiliegendes Fachwerk (1976 saniert).
34: Veränderter Fachwerkbau des frühen 18. Jh.
36: 1582/83 als Herrenmühle von Ebert Baldewein erbaut. Der alte Kanal wurde am gesamten Rudolphsplatz

verrohrt. Von der Mühle sind ein Gebäudeflügel und der Ziergiebel erhalten.
**Plan** 3: Das auf der Stadtmauer stehende Haus stammt von 1752. Treppe und Haustüre wurden 1928 expressionistisch erneuert.
3 $^{1}/_{2}$ und 4: wurden gemeinsam 1889 von Otto Eichelberg geplant. Auch Nr. 5 (1896) dürfte von Eichelberg stammen.
**Reitgasse:** Die Straße wurde nicht, wie bisher angenommen, im Zuge der ersten Stadterweiterung um 1190 als Umgehung des steilen Hirschberges angelegt, sondern ist die Zufahrt zum ältesten Kern der Stadt mit dem Kilianskirchhof als Hauptplatz (um 1130).
2: Als Fachwerkbau von 1445 ist der Kernbau mit alter Geschossvorkragung der zurückliegenden Fassade an der Ostseite erkennbar, geknickter Vorbau zur Straße 16. Jh.
3: Spätgotischer Fachwerkbau. Die zwei Untergeschosse und eine Traufenseite sind in Ständerbauweise aufgeführt. Die vorkragenden Geschosse ruhen z. T. auf Knaggen. Charakteristisch sind noch die gebogenen Fußstreben.
4: Ein älterer Bau wurde 1678 umgebaut. Zur Ausstattung gehören eine Wendeltreppenspindel (um 1575), Zimmertüren, Treppe und Haustüren (eine im Museum, eine zweite leider in Privatbesitz verschollen, aber in Marktgasse 18/20 kopiert) von 1678.
6: Fachwerkbau von 1684 mit ursprünglichen Portalen. Hinterhaus um 1580. Farbigkeit in Anlehnung an Befunde des Verf., jedoch dunkler erneuert.

*Reitgasse 3, 15. Jahrhundert*

*Nikolaistraße 3, 1527–30*

*Reitgasse 10, 1557/77*

7/9: Die Fassaden der so unterschiedlichen Fachwerkbauten gehören dem späten 18. Jh. an, bei Nr. 9 auch die Tür. Im Kern sind die Häuser erheblich älter; im Keller Stadtmauer.
8: Das um 1600 erbaute Fachwerkhaus wurde 1900–02 von Eichelberg & Dauber historistisch renoviert.
10: Haus von 1556/57 mit zwei Eckerkern. Treppenturm mit barocker Treppe (um 1740). Spuren der alten Gefachbemalung konnten festgestellt werden: Das Fachwerk war auch innen früher unverputzt.
14/15: Hier standen zwei der wichtigsten Fachwerkhäuser Marburgs: Bopps Terrassen und die Traubenapotheke, 1965/69 unter Oberbürgermeister G. Gaßmann sinnlos zerstört. Die Nachfolgebauten sprechen für sich.
**Renthof** 1: gehört als nachgotischer Bau (Portal) in das späte 16. Jh. Moderne Fachwerkelemente sind die Verstrebungen in den Obergeschossen.
2: Vielleicht unter Verwendung älterer Teile Neubau von (angeblich) 1776, samt Treppe und Haustür.
4: Fachwerkhaus des späten 17. Jh., 1874/75 erneuert. Ursprüngliche Treppe.
6: Das klassizistische Universitätsgebäude enthält noch ältere Teile, so den Stumpf eines Stadtturmes (Sternwarte).
**Ritterstraße:** Wie der Name besagt, waren hier die adligen Burgmannen ansässig. Ihre Höfe lassen sich urkundlich bis in das 13./14. Jh. zurückverfolgen.

*oben: Ritterstraße*
*unten links: Kerner vom Luth. Kirchhof aus gesehen*
*unten rechts: Haus Grimm (Ritterstr. 3), 1876–77*

3: Bedeutendster historistischer Fachwerkbau in Hessen, 1877 von Carl Schäfer in qualitätvollen gotisierenden Formen. Bauherr war ein Notar, die Butzenscheiben sind auf die Bedürfnisse der Praxisräume abgestimmt.
8: (Glaserscher Hof). Dreiflügeliger Hof, der im Kern dem16. Jh. angehört. In der Hofmauer haben sich Gewände eines Renaissance- und eines Barockportals erhalten.
9: Fachwerkhaus, im Kern aus dem 16. Jh. In der Gartenmauer Ausfluss eines mittelalterlichen Abwasserkanals.
10: Vierflügelige Anlage des 16. Jh. mit barocker Haustür.
11: „von Scheuernschlossscher Burgsitz", um 1585 erbaut. Die hölzerne Wendeltreppe der Bauzeit ist noch erhalten.
12: Wohnhaus von Joh. Wolff, Leibarzt Ludwigs IV., Gründer der Wolff'schen Stiftung, 1611 (s. Ludwig-Bickell-Treppe).
14: Hof der „Huhn von Ellershausen". Über einem steinernen Wohnturm und einer alten Querstraße wurden die bestehenden Bauten errichtet (16. bis 18. Jh.). Wertvolle Treppe und gemalte Landschaftstapete (um 1790) im Innern
15/16: Forsthof, 1599–1600 über älteren Kellern errichtet. Der barocke Bau am Tor (Nr. 15, Unterer Forsthof) besitzt gotische Reste, wie den Aborterker. 1802–06 trafen sich im Forsthof bedeutende Romantiker wie die Brüder Grimm, Achim v. Arnim, Clemens und Bettina Brentano bei dem Rechtsgelehrten Savigny.
**Roter Graben** 15: In dem dreigeschossigen Fachwerkhaus verbinden sich gotische Elemente (hohe Untergeschosse, Portal und Ladenfenster spitzbogig) mit modernen Strebenformen; erbaut um 1580.
**Rübenstein:** Die Straße war von Handwerkern und ärmeren Bürgern besiedelt, worauf der interessante und eigenwillige Charakter der kleinen Häuser zurückzuführen ist. Sie stammen in der Regel aus dem 18. und frühen 19. Jh. und wurden teilweise in letzter Zeit hervorragend restauriert.
10: 1600 erbaut, mit einfachen Streben. Farbigkeit rekonstruiert.
**Schlosssteig** s. Judengasse
**Schlosstreppe** 1: Der rückwärtige Hausteil von 1418 ist ein fünfgeschossiger mittelalterlicher Geschossbau mit langen Schwertungen an den Seitenfronten. 1578 wurde ihm eine neue Fassade zum Markt hin vorgesetzt. Haustür um 1750.
3 und 5: Beide Häuser gehören noch dem 16. Jh. an.
**Schneidersberg** 1/3: Spätmittelalterliche Fachwerkbauten, Nr. 3 um 1540.
8: Kleines gotisches Fachwerkhaus, älter als der benachbarte Bärengasthof. Die mittelalterlichen Holzverbindungen und das Dachwerk bezeugen eine Entstehungszeit in der 2. Hälfte des 14. Jhs.
**Schuhmarkt:** Nachdem die Schusterzunft in die ehem. Kilianskirche (s. o.) eingezogen war, wurde der Platz (einst ein Friedhof) zum Schuhmarkt.
1: Das vordere Haus wurde um 1580 erbaut, wie Strebenformen und Profile zeigen. In der Traufengasse befindet sich ein kleiner nachgotischer Laden. Am rückwärtigen Hausteil (zur Reitgasse) sind noch ältere Reste erkennbar, u. a. ein gotisches Türgewände. Im Mauersockel ein Inschriftstein von 1545.

*Schlosstreppe 1, 1418 (re. Teil) und 1578*

2: Der im Kern aus dem späten 16. Jh. stammende Bau mit auffallend kräftigen Balkenköpfen wurde klassizistisch verändert.
**Steinweg:** Gepflasterte Verbindung zwischen Altstadt und Deutschem Orden seit etwa 1300, die mittlere Ebene heißt „Plantage", die untere „Loch". Der Mönchsbrunnen am unteren Ende, 1842, erinnert an eine Fiale der Elisabethkirche.
4: Blankenheimischer Hof, 1573 erbaut. Zwei Steinuntergeschosse, z. T. mit originalen Fenstergewänden, darüber Fachwerk, seit dem 19. Jh. verputzt. Das Portal wurde zum Marstall im Schlosshof übertragen.
8: 1900 durch die Architekten Eichelberg & Dauber errichtet, Töpferhaus Schneider, letzte Kunsttöpferei der Marburger Altstadt. Die historischen Töpferprodukte des 17. bis 19. Jh. (Auflegeware wegen der Dekorform) befindet sich in Museen wie dem Universitätsmuseum Marburg (Schloss) oder dem Germanischen Nationalmuseum in Nürnberg.
11: 1883 wurde das historisierende Fachwerkhaus von einem Schüler Carl Schäfers errichtet. Ausführender Zimmermeister war Carl Arnold. Kratzputz.
12: Breidenbachscher Hof. Großer, leider verputzter Adelshof aus dem 17. Jh. Der Zeit um 1700 gehört die

*Steinweg 8, 1900*

eigenwillige Treppe an, etwas jünger ist die Hofbalustrade; Rokoko-Haustüre.
19: Fachwerkhaus des Spätmittelalters, im 17. Jh. verändert (Erker).
23: Fachwerkbau in Giebelstellung, 17. Jh.
30: In „altdeutschem" Stil 1898/99 durch den Bauunternehmer H. Weishaupt für die Gebr. Unkel errichtet.
33: Neubau unter Wiederverwendung der Fassade des 17. Jh. und der Ladenzone des späten 19. Jh.
37: Spätklassizistischer Massivbau von 1866.
38: Eckhaus um 1680, mit weit ausladenden Streben und geringem Geschossvorsprung. Der Dachstuhl wurde im Klassizismus neu gebaut. Ursprüngliche Treppe.
**Universitätsstraße** 13: Fachwerkhäuser aus dem 15. bis frühen 19. Jh.
**Untergasse** 5: Dreigeschossiger Fachwerkbau des 17. Jh. mit profilierten Hölzern.
11: Die erneuerte Jahreszahl mit lateinischen Zahlzeichen ergibt das Baujahr 1580. Veränderungen erfolgten im frühen 19. Jh. (Haustüre!).
13: Im späten 17. Jh. mit einem Giebel zur Bergseite erbaut, wurde es um 1840 aufgestockt und mit einem zweiten Giebel zum Lahntor hin versehen. Der Umbau kennzeichnet die Entwicklung vom Einfamilienhaus zum Mietshaus im 19. Jh.
14: Fachwerkbau von 1761 mit steinernem Ladengeschoss. Im Inneren die alte Treppe.
15: Spätmittelalterliches Fachwerkhaus, die Untergeschosse in Ständerbauweise.
20: Großer Fachwerkbau der Renaissance mit zwei Steinfassaden zu den Ansichtsseiten. Das Portal steht in der Nachfolge Ebert Baldeweins. Türe und Treppe gehören der Rokokozeit an (um 1770).
**Weidenhausen** ist die alte Brückenvorstadt, die spätestens seit dem 13. Jh. besteht. Wirtschaftlich dominierte die Lohgerberei, da der Vorort allseits von Lahnarmen und Kanälen umgeben war.
6: Klassizistischer Bau mit rundbogigen Fenstern im Untergeschoss.
8: Wohl 1696 erbaut (Inschrift über dem Innenportal) mit urspr. Treppe. Etwa achtzig Jahre jünger ist die zurückversetzte Rokokotür.
13: Das Hospital St. Jakob wurde 1570 durch den Architekten Ebert Baldewein errichtet. Das Fachwerk ist hervorragend erhalten, bemerkenswert sind auch die Steinfenstergewände, der Portalrahmen und die ursprüngliche Haustür.
15: Spätmittelalterlicher Fachwerkbau, Giebelseite mit aufgeblatteten Kopfbändern, zweites Obergeschoss um 1600 aufgesetzt.
16: Fachwerkbau von 1672 mit außergewöhnlich aufwendigen Schnitzereien.
18: Fachwerkhaus des späten 17. Jh.
19 und 21: Auffällig sind die klassizistischen Haustüren. Bei Nr. 19 geht man drei Stufen hinauf, es ist also ein klassizistischer Neubau. Bei Nr. 21 Verwendung eines älteren Hauses (Quadersockel 16. oder 17. Jh. ) mit ebenerdigem Eingang.
36: Das um 1600 erbaute dreigeschossige Haus ähnelt in den Formen stark dem Haus Schuhmarkt 1. Eigenwillig sind die drei jüngeren Zwerchgiebel.
38 und 40: Spätmittelalterliche Fachwerkbauten, beide mit biedermeierlichen Haustüren.
39: Das Haus entstand 1614, wurde aber im 19. Jh. stärker verändert (Entfernung der Streben). Die Gefache sind mit Kratzputz verziert.
53: Die Gefache des Spätrenaissance-Hauses (Schnitzereien um 1600) wurden um 1900 mit Backsteinen ausgefüllt.
60: Stammhaus des Vizekanzlers Geheimrat Joh. Heinrich v. Dauber, Neubegründer der Marburger Universität 1653. Das bestehende Fachwerkhaus wurde 1676 errichtet und 1975 saniert.
62: Das ansehnliche Giebelhaus entstand um 1600.
68: Die horizontalen Hölzer des um 1600 gezimmerten Hauses sind mit Zahnschnitt-Mustern versehen.
69: Das verputzte Fachwerkhaus zeigt am Giebel Schnitzereien der Spätrenaissance.
75: Eine Inschrift über der Tür nennt das Jahr 1602.
98 und 101: Zwei Fachwerkbauten aus dem 16. bzw. 17. Jh.
99: Das Vorderhaus gehört dem 17. Jh. an. Lohgerbermeister Georg Weintraut ließ 1871 ein Hintergebäude mit vollständiger Gerbereieinrichtung erbauen (1976 Abbruch).

100: Die bemerkenswerte Haustür entstand um 1750.
107: Lohmühle, Fachwerkbau des frühen 19. Jh.
**Wendelgasse:** Die Gasse, die ihren Namen nach der Wendeltreppe trägt, die zum Luth. Kirchhof führt, besteht aus Häusern des 17. Jh., fast alle mit ihrer alten Innentreppe. Nr. 2 bewohnte 1736–41 der Student Michael Lomonossow, der 1755 die Moskauer Universität gründete. Nr. 3 wurde bereits um 1550 errichtet, lediglich die Streben der Fassade gehören dem 17. Jh. an. Bemerkenswert ist auch hier die Haustür (um 1760). Nr. 4 mit der aufgemalten Hausnummer aus der Zeit um 1850.
**Wettergasse** 1: Im Kern Fachwerkbau von 1331.
2: Das 1785 erbaute Haus besitzt noch die alte Treppe, Stuckrahmendecke, Haustüre und Fensterläden. Charakteristische Dachgaube.
3: Von Interesse ist vor allem das Hinterhaus, ein Geschossbau von 1457. Das mittelalterliche Dachwerk ist, von älteren Veränderungen abgesehen, trotz eines Großbrandes 1977 (damals diente das Haus als Papierlager) hervorragend erhalten, da die hölzerne Konstruktion wesentlich sicherer und stabiler ist als die eines Betongebäudes. Das Vorderhaus ist klassizistisch.
6: 1900 an Stelle eines gotischen Hauses errichtet, einer der größten gründerzeitlichen Bauten Marburgs.
8: Klassizistischer Bau, um 1820, mit breitem Dreiecksgiebel.
11: 1899 von den Architekten Eichelberg & Dauber errichtet. Nicht zuletzt durch seine Kleinheit und durch den plastischen Schmuck gehört es zu den malerischsten Häusern Marburgs. Das Hinterhaus hat eine barocke Haustür.
12: Unregelmäßiger Fachwerkbau, um 1785 erbaut. Rokoko-Treppe. Farbfassung nach Befund erneuert.
16: Das Fachwerkhaus aus den Jahren um 1700 besitzt reich geschnitzte Eckpfosten mit Säulen und Masken.
17: Giebelhaus aus dem 16. Jh., Fachwerk.
18: Anstelle zweier mittelalterlicher Häuser (darunter das angebliche Wohnhaus Ludwig Juppes) entstand 1896 der großzügige Neubau in guten historistischen Formen. Architekt Otto Eichelberg.
19/21/23/26/28: Einheitliche Baugruppe, 1893 (19) bis 1895 (28) durch verschiedene Architekten und Bauherren errichtet. Fachwerk mit Backsteingefachen.
25/27: Klassizistische Neubauten, um 1840 anstelle eines ehem. Brauhauses. Von besonderem Interesse sind hier Details wie Fenstergitter u. Ä.
29: Klassizistischer Bau mit Bekrönungen über den Mittelfenstern und dem Zwerchgiebel. Stuckrahmendecken.
38: 1898 von W. Spahr errichtetes Geschäftshaus.
40: Verputzter spätestbarocker Fachwerkbau (gegen 1800), im Gegensatz zu manchen klassizistischen Häusern ist der Putz hier fehl am Platz (Geschossvorsprung!).
41 und 42: Fachwerkbauten des späten 16. Jh. mit Eckerkern. Der klassizistische Brunnen an der Wasserscheide entstand 1840. Das Denkmal Dienstmann Nr. 4, Christian, schuf 1988 Paul Wedepohl. Den Farbstreifen malen jährlich Verbindungsstudenten auf das

*Wettergasse 18, 1896*

Pflaster der Wasserscheide, seit die Straße 1972 Fußgängerzone wurde.
**Zwischenhausen:** Mehrere Häuser entstanden noch im 17. Jh., Nr. 20 gehört dem 16. Jh. an, wie üblich handelt es sich um Fachwerkbauten.

## Jüngere Stadtviertel

In der ersten Hälfte des 19. Jh. vollzog sich die Bauentwicklung an den alten Fahrstraßen entlang, es entstanden einzelne Häuser vor den Stadttoren, besonders vor dem Barfüßertor. Nach der Jahrhundertmitte wurde diese Entwicklung verstärkt. Durch die Anlage des Bahnhofs wuchs die Stadt zunächst stärker nach Norden. Villen in der Bahnhofstraße entstanden. Um 1880 bestanden im gesamten Nordviertel nur etwa 20 freistehende Häuser. Die Lücken füllten sich erst nach 1880, z. B. durch das Telegrafenamt (Hauptpost) 1882–84. Durch die Veränderungen der jüngsten Zeit sind nur wenige Häuser in gutem Zustand verblieben, wie etwa Bahnhofstr. 19 mit einer an italienischen Frühbarock erinnernden Prunkfassade.
Der Bau der Eisenbahnschienen machte die Alte Kasseler Straße zur Sackgasse. Schon um 1850 legte man daher die Neue Kasseler Straße an, die jedoch weder

eine attraktive Wohnstraße noch eine günstige Wirtschaftsstraße ist. Sie blieb daher nur locker bebaut. Erst das Wachstum des 20. Jh. hat die Lücken geschlossen. An der Alten Kasseler Straße besteht immerhin noch die Gaststätte aus dem frühen 19. Jh., die der Anhöhe über dem Bahnhof ihren Namen gab: Knüppelsburg. Die dortigen Wohnbauten wurden durch die Bahn errichtet und gehören dem späten 19. und 20. Jh. an.
Der Abbruch von fünf Häusern in der Untergasse 1865 und der anschließende Durchbruch durch die Stadtmauer (Kasernenberg, heute Gutenbergstraße) leitete die Bebauung des Südviertels ein. Den Anfang machte die Alte Jägerkaserne (Jägerstraße) 1868. Die Frankfurter Straße war als Fortsetzung des Grün bereits 1809/10 angelegt worden. Von der Schwanallee und der Gutenbergstraße aus begann die systematische Bebauung des Südviertels. Häuser wie Gutenbergstr. 11, Wilhelmstr. 4, 6, 10 und Schwanallee 49 stehen noch in klassizistischer Tradition. In der Schwanallee existierten mit dem Schwanhof (16. Jh.), dem Wirtshaus an der Lahn (Schützenpfuhl, 18. Jh., 1970 abgebrochen) und dem Englischen Hof (klassizistisch, abgebrochen) ohnehin einige ältere Gebäudekomplexe.
1889 war die Gutenbergstraße bebaut, die östlichen Teile von Wilhelm- und Liebigstraße, die Schwanallee und die westliche Frankfurter Straße besaßen gleichfalls schon zahlreiche Wohnbauten, bis 1899 war die Haspelstraße bebaut. Der Friedrichsplatz und seine Randbebauung waren in der bestehenden Form geplant, an der Bismarckstraße entstanden die Häuser 12 und 32 1900, Nr. 11 1901 und Nrn. 28/30 1902. Die Bebauung der Universitätsstraße und Wilhelmstraße drang langsam nach Westen vor. Die Häuser Gisselberger Straße 11–21 standen schon seit 1895, einen neuen Akzent gab der Südbahnhof, der im Januar 1897 in Betrieb genommen werden konnte.
Ein großer Teil der Wohnhäuser zeichnet sich durch reiche und liebenswerte Details aus. Jugendstilfassaden besitzen u. a. Frankfurter Str. 64/66 (1905), Friedrichstr. 7/9, 11 und Schückingstr. 3/5. Häufig kommen verzierte Erker und Balkone, Treppen mit gedrechseltem Geländer, farbige Glasfenster und Stuckdecken vor. Auch in diesen Straßenzügen wurden die Baulücken erst allmählich ausgefüllt, z. B. 1913 durch den Bau der Neuen Jägerkaserne, 1936 nochmals erweitert, 1931 durch den Bau der expressionistischen Allgemeinen Ortskrankenkasse (Liebigstr. 21a, Architekt Emil Johann Schweizer) und den Neubau des Staatsarchivs 1935–38 (Alfred Heinrich und Konrad Nonn).
Im Laufe der Gründerzeit wurde auch der Schlossberg zunehmend bebaut. Es handelt sich um Villen (Sybelstraße 5, Villa Mösta, Architekt Carl Schäfer, Marbacher Weg 16 und 22, Architekt Carl Schäfer), Gartenhäuser (Gisonenweg 7a, 1879) und studentische Verbindungshäuser, besonders am Hainweg.
In der Biegenstraße ist vor allem die westliche Straßenseite bemerkenswert, zumal hier viele Gebäude renoviert sind. Die Häuser Nr. 20 und $20^1/_2$ zeichnen sich durch gotisierendes Maßwerk an den Baikonen aus, mit reliefartigen Steinmetzarbeiten ist das Haus 22 verziert. Die Nrn. 30 und 32 besitzen pseudobarocke Portale, das Haus Nr. 34 zeigt Anlehnungen an die Renaissance. Die Gebäude gegenüber zeigen einen stärkeren Einschlag des Jugendstils. Am Haus Nr. 40 (1900 erbaut) finden wir gute Steinmetzarbeiten.
Wir kommen zur Kreuzung mit der Deutschhausstraße, sie führt nach Westen (links) zur Elisabethkirche und in den Deutschordensbereich, nach rechts gelangt man an die Lahn. Die Biegenstraße führt ebenfalls an die Lahn, da der Fluss eine große Biegung macht; in diesem Teil der Straße ist noch auf das Haus Nr. 51 hinzuweisen, dessen Fassade durch hohe Pilaster gegliedert wird.
Die interessantesten Häuser der Deutschhausstraße stehen auf der Nordseite. Gleich an der Kreuzung ist das Behördenhaus, wie das Nachbargebäude ein dreistöckiges Backsteinhaus. Die Ziegel sind verschiedenfarbig glasiert, vornehmlich gelb, grün und rotbraun. Daran schließt sich das Haus Nr. 34 an. Über einem Backsteinsockel erheben sich zwei weiß verputzte Stockwerke, die durch einen Erker besonders betont sind. Dieser Erker besteht aus reich verziertem Fachwerk mit der Jahreszahl 1902 versehen. Besonders fallen (selbst von außen) die farbigen Jugenstil-Glasfenster ins Auge, die sich durch geschwungene Linien und Blumen auszeichnen. Das Haus wird von einem Fachwerkgiebel abgeschlossen. Es stammt wie die Nachbarhäuser von Architekt Paul Schenk.
Das Haus Nr. 32 besitzt über den Fenstern Maßwerk, das der Spätgotik entlehnt ist, hier wie am folgenden finden sich durchgehende Erker, die die Fassade gliedern; das Haus Nr. 28 ist im Stil norddeutscher Backsteingotik errichtet. Es ist ein Eckhaus, denn dort, wo sich heute ein Spielplatz befindet, fließt unterirdisch ein Seitenkanal der Lahn, der dann offen nach Süden weiterverläuft, vorbei am Botanischen Garten zur Herrenmühle.
Auf der südlichen Straßenseite kommen wir an der Pension Müller vorbei (Nr. 29), einem hübschen Jugendstilgebäude, es liegt am eben genannten Lahnkanal. Es folgen nun noch einige Wohnhäuser auf der Nordseite der Straße mit bemerkenswerten Details. An Nr. 22 fallen der Erker (mit Jugendstilfliesen) und der Fachwerkgiebel auf, 1903; Nr. 19 schräg gegenüber weist Renaissance-Elemente auf, erbaut 1902 (Architekten Eichelberg & Dauber). Die Kinderklinik (Klinikviertel), Nr. 12, ist im „Heimatstil" erbaut, 1922–27.

## Literatur

**Allgemein, Geschichte:** Erhard Dettmering, Rudolf Grenz (Hrsg.): Marburger Geschichte, Rückblick auf die Stadtgeschichte in Einzelbeiträgen, Marburg ²1982 (mit Bibliographie); G. Ulrich Großmann: Marburger Wahrzeichen, Marburg 1979; A. Fletsch (Hrsg.): Marburg, Entwicklungen – Strukturen – Funktionen Vergleiche (Marb. Stadtschriften 32), Marburg 1990; Ursula Gottwald: Marburg, Spurensuche in einer mittelalterlichen Stadt, Marburg 1992; Wilhelm Alfred Eckhardt: Miszellen und Vorträge (Beitr. Hess. Gesch. 10), Marburg 1995 (darin: Im Jahre 1222 erstmals als Stadt bezeugt, Zur Geschichte Marburger Häuser, Die Marburger Marktbrunnen, Der Glaskopf in Bildern und Dokumenten, Lomonossow in Marburg); J. J. Berns (Hrsg.): Marburg-Bilder, Eine Ansichtssache, Zeugnisse aus fünf Jahrhunderten, 2 Bde. (Marb. Stadtschriften 52–53), Marburg 1995–1996.

**Bildende Kunst:** Harald Kimpel: Plastik des 20. Jahrhunderts in Marburg, Marburg 1980; Catharina Graepler: Der Bildhauer Johann Friedrich Sommer in Marburg. Zur Geschichte der Skulptur in Hessen während der 1. Hälfte des 18. Jh. (Marburger Stadtschriften 38). Marburg 1992

**Elisabethkirche und Deutscher Orden:** Hermann Bauer: St. Elisabeth und die Elisabethkirche zu Marburg. Marburg 1964; Nachdruck 1990; Sankt Elisabeth. Fürstin, Dienerin, Heilige, Sigmaringen 1981; 700 Jahre Elisabethkirche in Marburg 1283–1983, Marburg 1983; Jürgen Michler, Die Elisabethkirche zu Marburg in ihrer ursprünglichen Farbigkeit (Quellen und Studien zur Gesch. des Deutschen Ordens 19), Marburg 1984; Monika Bierschenk: Glasmalereien der Elisabethkirche in Marburg, Berlin 1989; Dieter Großmann: Die Elisabethkirche zu Marburg (Große Baudenkmäler 296) München/Berlin 12/1996 (Neubearbeitung M. Müller); Andreas Köstler: Die Ausstattung der Marburger Elisabethkirche. Zur Ästhetisierung des Kultraums im Mittelalter. Berlin 1995; Matthias Müller: Der zweitürmige Westbau der Marburger Elisabethkirche. Zur Vollendung der Grabeskirche einer „königlichen" Frau. Baugeschichte – Vorbilder – Bedeutung. Marburg 1997; G. Ulrich Großmann: Die Bauwerke des Deutschen Ordens in Marburg. Ein Forschungsbericht. In: Forschungen zu Burgen und Schlössern 6, München 2001, S. 167–176.

**Kirchen:** Ulrich Klein: Mittelalterliche Dachwerke Marburger Kirchen. Bürgerinformation Marburg 74, Marburg 1997; Hans-Joachim Kunst und Eckart Glockzin (Hg.): Kirche zwischen Schloss und Markt. Die Lutherische Pfarrkirche St. Marien zu Marburg, Marburg 1997; G. Ulrich Großmann: Die Pfarrkirche St. Marien in Marburg. München/Berlin 1999

**Schloss:** Christa Meiborg, H. Roth, C. Dobiat, Suche nach dem Gisonenfels, Grabungen im Marburger Schloss, in: Archäologie in Deutschland 1991, 4.; Elmar Brohl: Festung Marburg. Marburger Stadtgeschichte in Stichworten. (Leporello.) Marburg 1990; Ulrich Hussong, Sophie von Brabant, Heinrich das Kind und die Geburtsstunde des Landes Hessen, Eine Marburger Legende (Marburger Stadtschriften 40), Marburg 1992; Dieter Großmann: Das Schloss zu Marburg an der Lahn (Große Baudenkmäler 366), München, Berlin ³1994; G. Ulrich Großmann: Schloss Marburg. Hrsg. von der Wartburg-Gesellschaft. Regensburg 1999; G. Ulrich Großmann: Der Saalbau im Marburger Schloss. In: Burgenbau im 13. Jahrhundert. Forschungen zu Burgen und Schlössern 7, München 2002, S. 241–254

**Universität:** H. Hermelink und S. A. Kaehler: Die Philipps-Universität zu Marburg 1527–1927. Marburg 1927, Nachdruck Marburg 1977; Margret Lemberg und Gerhard Oberlik: Die Wandgemälde von Peter Janssen in der Alten Aula der Philipps-Universität zu Marburg. Marburg 1985; M. Lemberg: Es begann vor 100 Jahren. Die ersten Frauen an der Universität Marburg (Schriften der UB Marburg 76) Marburg 1997; Horst Becker: Der Alte Botanische Garten in Marburg an der Lahn. Königstein i. T. 1997

**Altstadt, Rathaus, Häuser:** Die Stadt Marburg, Gesamtdokumentation, Bürgerhäuser der Altstadt, 2 Bde., Marburg; Gießen 1976, Marburg 1981; G. Ulrich Großmann: Der spätmittelalterliche Fachwerkbau in Hessen. Königstein i. T. 1983; Arbeitsgruppe für Bauforschung und Dokumentation: Zur Baugeschichte des Marburger Rathauses. Marburger Schriften zur Bauforschung 2, Marburg 1984; G. Ulrich Großmann: Der Fachwerkbau in Deutschland. Köln 1998, 3/2004; Elmar Altwasser (Red.): Der Marburger Markt. 800 Jahre Geschichte über und unter dem Pflaster. (Marburger Stadtschriften zur Geschichte und Kultur 59.) Marburg 1997; Michael Imhof: Historistisches Fachwerk. Bamberg 1996.

*Alte Universität und Universtitätskirche*

## Informationen

www.marburg.de
**Stadtverwaltung**, Rathaus, Markt 1, 35037 Marburg/Lahn, Tel. 06421/201-0, Fax 201-591
**Marburg Tourismus & Marketing GmbH**, Pilgrimstein 26, Tel. 9912-0, Fax 9912-12
**Deutsche Bahn**, Fahrplanauskunft im Internet: www.bahn.de
**RMV Rhein Main Verkehrsverbund**, Fahrplanauskunft im Internet: www.rmv.de
**Stadtwerke Marburg**, Informationen im Internet: www.stadtwerke-marburg.de
**Industrie- u. Handelskammer Kassel**, Geschäftsstelle Marburg/Lahn, Softwarecenter 3, Tel. 9654-0, Fax 9654-55
**Philipps-Universität Marburg**, Biegenstraße 10, Tel. 282-0, Fax 282-2500; www.uni-marburg.de

## Sehenswürdigkeiten

**Elisabethkirche**, Elisabethstraße, April–September 9–18 Uhr, Oktober 10–17 Uhr, November–März 10–16 Uhr, Sonntag ab 11.15 Uhr geöffnet, außer während der Gottesdienste (Eintritt in den Chorraum) Tel. 65573
**Landgrafenschloss u. Universitätsmuseum für Kulturgeschichte**, Schloss, April–Oktober 10–18 Uhr, November–März 10–16 Uhr, montags geschlossen (außer an Feiertagen, dann dienstags geschlossen), Tel. 282-2355, 282-5871
**Universitätsmuseum für Bildende Kunst**, Biegenstraße 11, Dienstag–Sonntag 11–13 Uhr u. 14–17 Uhr, z. T. Sonderöffnungszeiten, Tel. 282-2355
**Kunsthalle Marburger Kunstverein e. V.**, Gerhardt-Jahn-Platz 5, Di–So 11–17 Uhr, Mi 11–20 Uhr, Tel. 25882
**Aula der Alten Universität**, Reitgasse/Lahntor 3, nach Voranmeldung (Eintritt), Tel. 9912-0
**Mineralogisches Museum**, Firmaneiplatz, Mi 10–13 und 15–18 Uhr, Do und Fr 10–13 Uhr, Sa und So 11–15 Uhr, Tel. 282-2244, Fax 282-7077
**Museum Anatomicum**, Robert-Koch-Str. 6, geöffnet am 1. Samstag im Monat 10–12 Uhr, Tel. 286-7088 oder 286-7011
**Botanischer Garten**, Lahnberge, Karl-von-Frisch-Str., April–Okt. täglich 9–18 Uhr, Nov.–März täglich 9–16 Uhr, Tel. 282–1508
**Religionskundliche Sammlung**, Landgraf-Philipp-Str. 4, Mo–Do 9–17 Uhr, Fr 9–14 Uhr, Gruppen mit Führung nach Vereinbarung, Tel. 282–2480
**Lutherische Pfarrkirche St. Marien**, Lutherischer Kirchhof 1, täglich 9–17 Uhr, Führungen nach Voranmeldung, Tel. 161446

## Nachwort

Nach kaum vier Jahren liegt nunmehr eine 2. Auflage des neu bearbeiteten Marburg-Führers im Imhof-Verlag vor, dem acht Auflagen mit insgesamt 40.000 Exemplaren des in Marburg und Witzenhausen ansässigen Verlags Trautvetter & Fischer Nachf. vorausgingen. Mit dem Verlagswechsel zur 9. Auflage 2006 endet gewissermaßen eine Ära. Seit 1972 hat „der" Marburg-Führer die Geschichte der Stadt und ihrer Erforschung allgemein und die Mitwirkung des Autors daran begleitet. Für ein Buch, auch ein kleines, ist dies eine ungewöhnlich hohe Zahl. Die Auflagen wechselten und wuchsen mit der Geschichte der Stadt in diesen Jahren. Die Idee entstand, als der Autor 1971 zur Vorbereitung von Stadtführungen kein derartiges Büchlein zur Hand hatte, und die zusammengetragenen Daten bildeten bald ein Grundgerüst für den Marburg-Führer. Der Verleger Dr. Wilhelm A. Eckhardt, Mitarbeiter und später Leiter des Staatsarchivs, hatte den Mut, das Manuskript eines Noch-Nicht-Abiturienten zu übernehmen und 1972 anlässlich des Hessentags in Marburg zu veröffentlichen. Bei der zweiten Auflage war die Gebietsreform vollzogen, 18 Dörfer nannten sich „Universitätsstadt Marburg". Mit dem eigenen Forschungsschwerpunkt als Kunsthistoriker sowie besonders im Bereich des Fachwerkbaues wurde ein Verzeichnis der bedeutenden Häuser der Marburger Altstadt eingefügt, vielfach aufgrund eigener Forschungen. Angeregt durch eine Arbeitsgruppe des Kunsthistorischen Instituts kam es auch zur stärkeren Berücksichtigung der Zeit zwischen 1860 und 1920, einer Epoche, die in Marburg besonders zahlreiche Spuren hinterlassen hat. In den jüngsten Auflagen konnten neue Erkenntnisse zur Elisabethkirche und zum Schloss berücksichtigt werden. Abweichungen gegenüber der Neuauflage des „Dehio-Handbuchs" sind dabei kein Zufall, sondern basieren auf eigenen Forschungen, die beispielsweise die spektakuläre vermeintliche Frühdatierung des Schlosses widerlegt haben.

Wir hoffen, dass auch die nächsten Leserschaften, Marburger, Touristen, Studenten und sicher auch manch junger Professor, der sich über die Stätte seines künftigen Wirkens informieren möchte, Freude an dem Buch haben.

Nürnberg, im Januar 2010
*G. Ulrich Großmann*